Treasures of the

韓国
国立中央博物館の至宝

呉明淑［著］
金安淑［訳］
韓　登［日本版監修］

韓国国立中央博物館 展示館正門

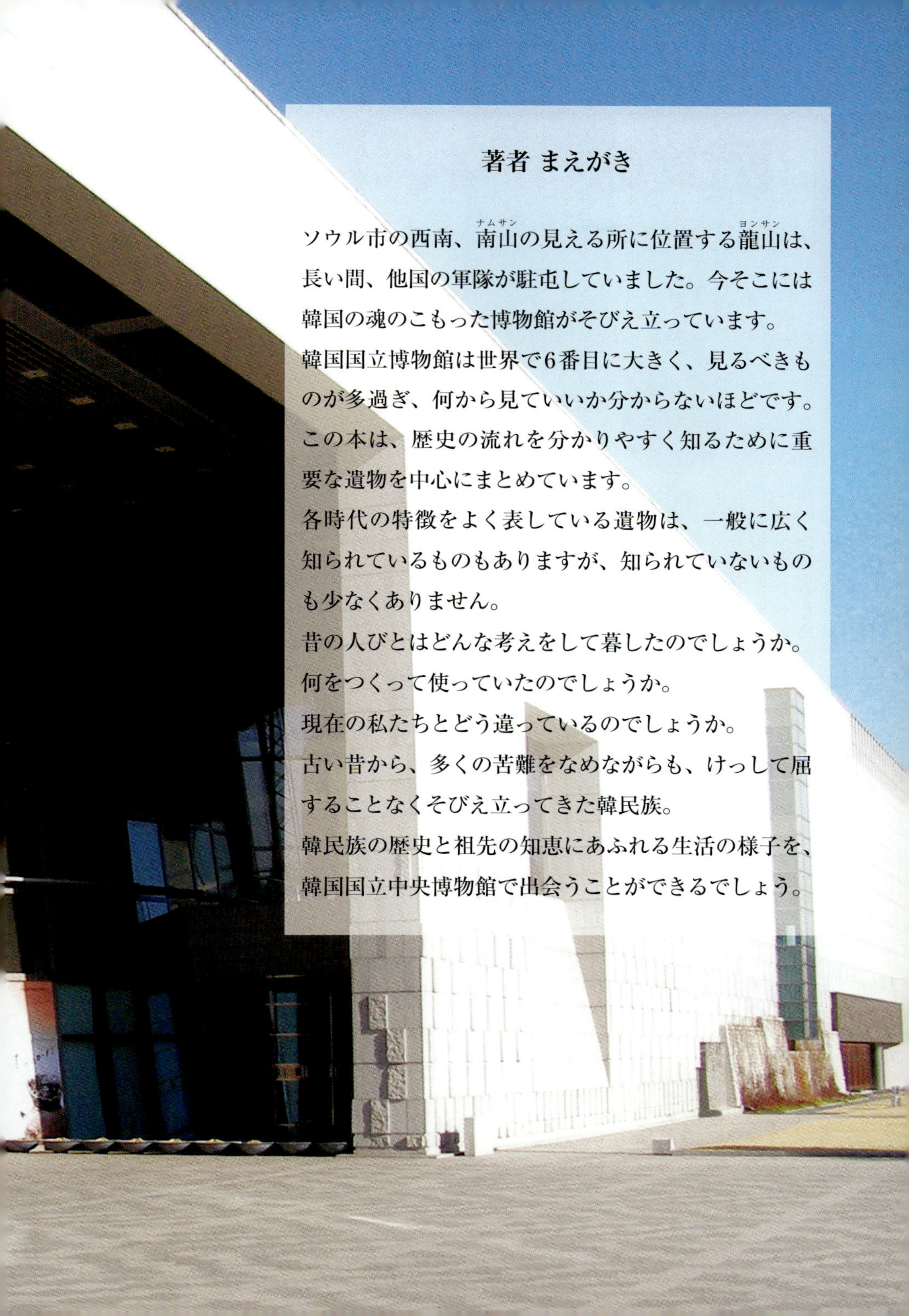

著者 まえがき

ソウル市の西南、南山《ナムサン》の見える所に位置する龍山《ヨンサン》は、長い間、他国の軍隊が駐屯していました。今そこには韓国の魂のこもった博物館がそびえ立っています。
韓国国立博物館は世界で6番目に大きく、見るべきものが多過ぎ、何から見ていいか分からないほどです。
この本は、歴史の流れを分かりやすく知るために重要な遺物を中心にまとめています。
各時代の特徴をよく表している遺物は、一般に広く知られているものもありますが、知られていないものも少なくありません。
昔の人びとはどんな考えをして暮したのでしょうか。
何をつくって使っていたのでしょうか。
現在の私たちとどう違っているのでしょうか。
古い昔から、多くの苦難をなめながらも、けっして屈することなくそびえ立ってきた韓民族。
韓民族の歴史と祖先の知恵にあふれる生活の様子を、韓国国立中央博物館で出会うことができるでしょう。

美術

アジアとの交流

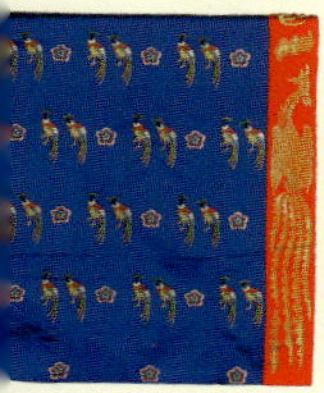

韓国国立中央博物館とは？

●所在地
ソウル特別市龍山区西氷庫路137

●利用案内
火・木・金　9:00～18:00／水・土　9:00～21:00
日・祝　9:00～19:00

●休館日
元旦と毎週月曜（月が祝日の場合は火曜休館）

●入場料金
常設展示館、子供博物館、無料企画展は無料（有料特別企画展は除く）

●アクセス
最寄り駅は「二村（イチョン）」駅（韓国鉄道公社、地下鉄４号線）

中央博物館の館内構成（常設展示）

1階

先史・古代館
旧石器
新石器
青銅器・古朝鮮
扶余・三韓
高句麗
百済
伽倻
新羅
渤海
統一新羅

中世・近世館
高麗Ⅰ～Ⅲ
朝鮮Ⅰ～Ⅴ

2階

書画館
書跡
絵画
仏教絵画
舎廊房

寄贈館
井内功
八馬理
柳昌宗
金子量重
崔永道／朴秉来
劉康烈／朴永淑
金宗学
寄贈文化財
李洪根

3階

彫刻・工芸館
白磁
粉青沙器
青磁
金属工芸
仏教彫刻

アジア館
インド・東南アジア
中央アジア
中国
新安海底文化財
日本

歴史

時代別に見る韓国の歴史

この章では、韓国の歴史を流れとしてとらえるために、
旧石器時代（先史時代）から朝鮮王朝まで扱っています。
それでは、時代別に生活がどう変わったか、
各時代の代表的な遺物を見ながら歴史を歩いてみましょう。

旧石器時代

すべてはヒトの手から始まった

ヒトの手は偉大です。
文明を築いた道具は、すべてヒトの手によってつくられたからです。
石片を割ってつくった最初の道具は、打製石器とも旧石器とも言います。
初めは片方だけに刃をつくりましたが、次第に技術が発展し、いくつかの刃のついた石器をつくるようになりました。
石刃《は》、石斧《おの》など、また穴を穿《うが》つのに都合のよい石鏃《やじり》、石刃を長い棒にしばりつけた石刀、石鍬《くわ》などの中子《なかご》（柄をくくりつける部分）のあるものもつくりました。
旧石器は新石器へと続き、さらに新石器は青銅器、鉄器へと引き継がれ、人類に大いなる文明をもたらしました。

このように多くの所で住んでいた

ヒトが生きていくのに最も必要なのが水と太陽です。水をたやすく得られる川辺や海岸べりで打製石器が発見されました。

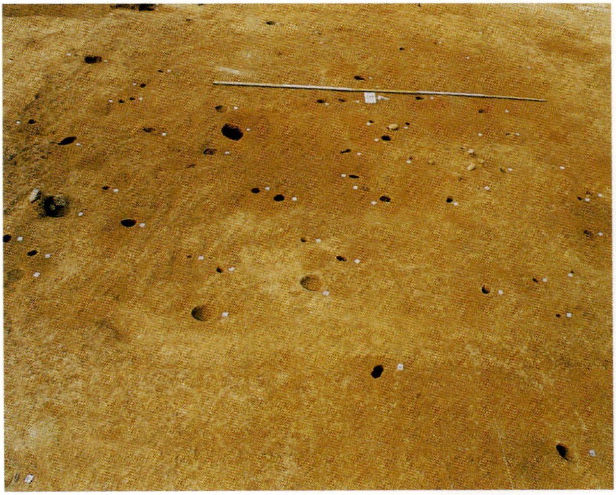

江原道東海《トンヘ》市の老峰《ノボン》遺跡。
住居跡と推定

穴を掘り、杭を建てる

旧石器時代の人びとは季節に従って移動しながら生活をしました。洞窟で暮したり、川辺に粗末な仮住まいの掘っ立て小屋を建てて住みました。彼らが住んでいた跡から柱を建てた穴が発見されました。穴のところに柱を建て、動物の皮などをかぶせて屋根にしました。

石からどうやって石器をつくり出したのでしょうか

初めは石を投げつけて割り、その石片をそのまま使いました。石を叩きつける技術が次第に発達すると、もう少し使いやすい石器をつくることができました。いろいろな打製石器を見ると、１つの大きな石からいろいろな石器を叩いてつくったことが分かります。

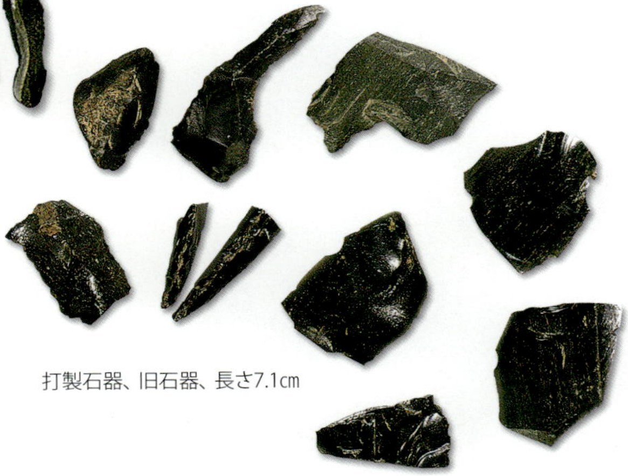

打製石器、旧石器、長さ7.1㎝

石の使い方によって

石斧は石の各面を整えて上の部分をとがらせ、石の両側も鋭く仕立てました。この石刃には両側に刃があり、いろいろなことに使えました。

石斧、
旧石器、約18cm

都合のいい道具には中子があります。中子に長い棒をくくりつけて遠くから動物を攻撃しました。

中子のある石刃、
旧石器、約7.8cm

石鏃、旧石器、約6cm

錐《きり》のように尖《とが》った鏃《やじり》は穴を穿《うが》つときに使われました。

石刃、旧石器、約9.5cm

石刃はとても簡単につくることができたので、旧石器時代を通じて使用されました。木を伐ったり、狩りをするのに使われました。

新石器時代

石を磨いて使うと生活が変わった

砥《と》石は打製石器を磨いて鋭くするのによい道具でした。砥石で磨いてつくったのを磨製石器と言い、新石器とも言います。新石器時代には石ばかりではなく、骨を砥石で磨き、針をつくったり、動物の歯を磨いて髪飾りなどもつくりました。

新石器時代の人びとはこのような道具を使って地面を掘り、穴倉を建て、ねぐらをつくり、定着生活を始めました。

人びとが住んでいた所

新石器時代の遺跡は朝鮮半島の全地域に分布しています。主に大きな川辺や海岸べりで発見されています。

岩《アム》寺《サ》洞《ドン》先史住居跡（ソウル市）

何人かで穴倉をつくる

旧石器時代の家の跡とはどこが違うでしょうか。新石器時代には土をくぼんだように掘り、その上に屋根をかぶせた穴倉をつくりました。穴倉の中央には火を焚くいろりのようなものを設けました。そこでは簡単な料理もつくり、部屋を暖める機能も兼ねました。

石皿と磨石の科学

石皿が傾いているのが分かりますか。木の実などをすりつぶすとき、傾いていれば、小さな力でたやすくすりつぶせます。磨石も厚さと長さが両手で握って押し出すのに、とても都合よくつくられています。

磨石　石皿と磨石、
新石器、石皿の長さ約45cm

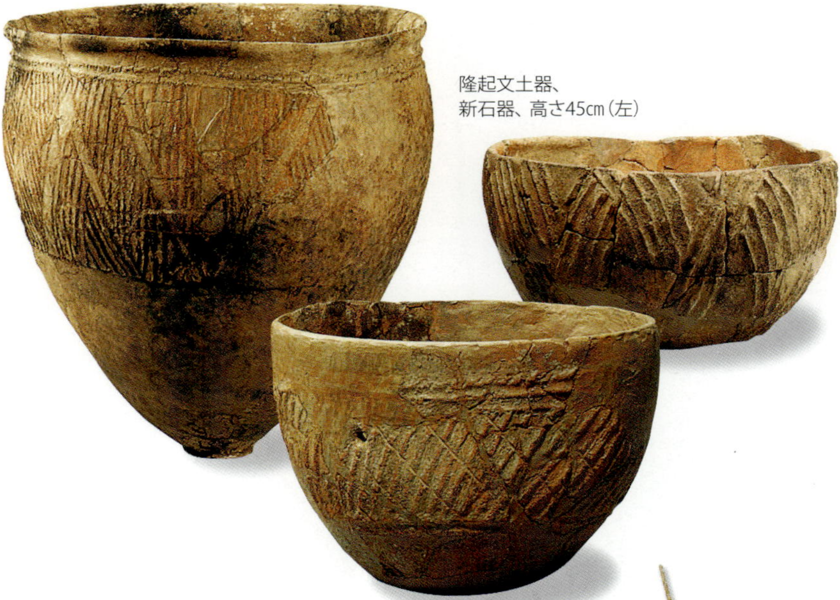

隆起文土器、
新石器、高さ45㎝（左）

土と火で土器をつくる

新石器時代の人びとは土を火で焼いて土器をつくりました。土器の文様が熱を均一に伝えるので、割れないように焼くことができました。土器の発明は人びとの生活を豊かにしました。木の実や穀物、残った食べ物をそこに入れて貯蔵するようになり、また食材を煮たりするなどして食べるようになりました。

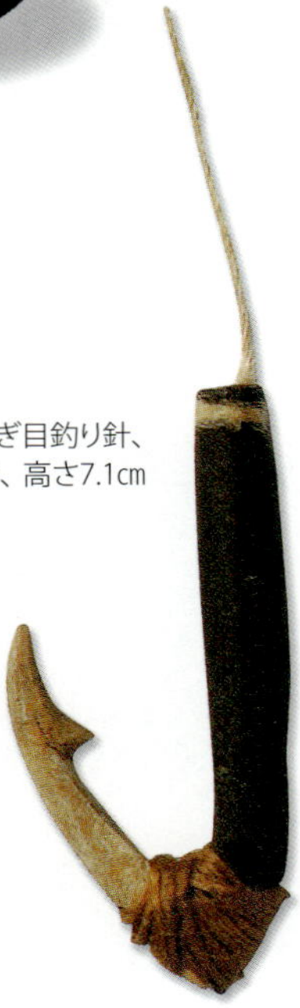

継ぎ目釣り針、
新石器、高さ7.1㎝

石と骨で釣り針をつくる

素手で魚を捕まえていた人びとは、銛《もり》や網などをつくり、もっとたくさんの魚を捕ることができるようになりました。現在のような釣り針の形が初めてつくられたのも、この新石器時代だと言われています。

櫛目文土器、
新石器、高さ38.1cm

種をまいて収穫する

石鋤《すき》と石鍬《くわ》は新石器時代に畑作を行っていたという重要な証拠です。この石鋤と石鍬で土地を耕し、種をまき、穀物を収穫しました。しかし、新石器時代の人びとは採集や狩り、魚を捕ったりする方が中心でした。

石鋤、
新石器、39.2cm

石鍬、
新石器、28.5cm

貝殻の仮面、
新石器、
長さ10.7cm

貝殻で仮面をつくる

新石器時代の人びとは貝殻で（弓を射るときの）鞆《とも》もつくり、仮面もつくりました。目が2つ、口が1つの仮面は彼らを守る守護神だと信じられていたと言われています。

青銅器・初期鉄器時代

文明は金属とともに

青銅器時代に入り、道具が発達すると、人びとは本格的に農業を営み、文明を形づくるようになりました。同時に、より肥えた土地をめざして武器をとって戦い始めました。人びとは自分たちの豊かな土地を守ろうとして見張り台を築き、囲いを巡らせました。
ある日、急に敵が囲いを壊して押し入り、剣で人びとを殺し、住まいや倉庫を燃やし、そこに住んでいる人びとを捕らえました。文明は必ずしもよいことばかりではありませんでした。

青銅剣は権力の象徴

定住生活をし、食べ物が豊富になると幸福になるものとばかり思っていたのに、そうではありませんでした。もっとよい土地を占めようと青銅の剣を掲げ、戦いを繰り広げました。鋳型を使って銅剣をつくりました。琵琶のような形をした琵琶型銅剣と細長い形の韓国式銅剣が、墓から発見されています。青銅器時代において、青銅器は権力のある者だけが使うことができました。

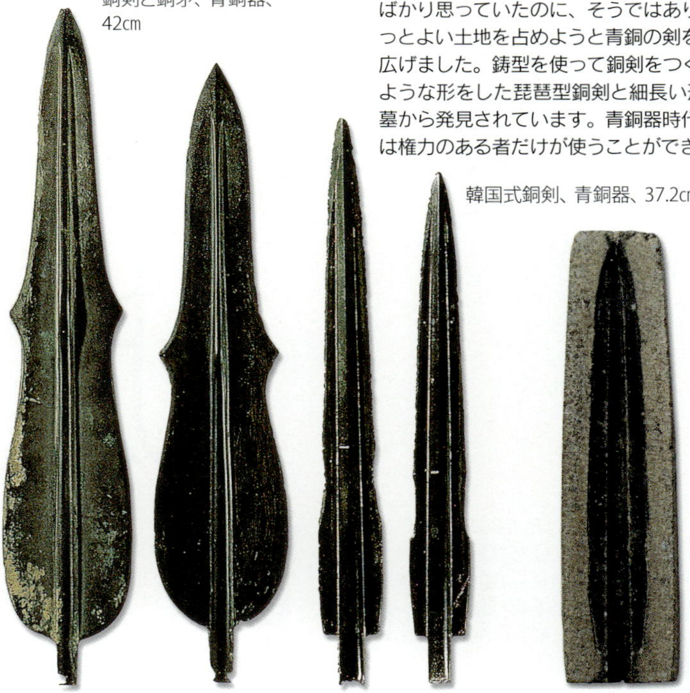

銅剣と銅矛、青銅器、42㎝

韓国式銅剣、青銅器、37.2㎝

鋳型、青銅器、33㎝

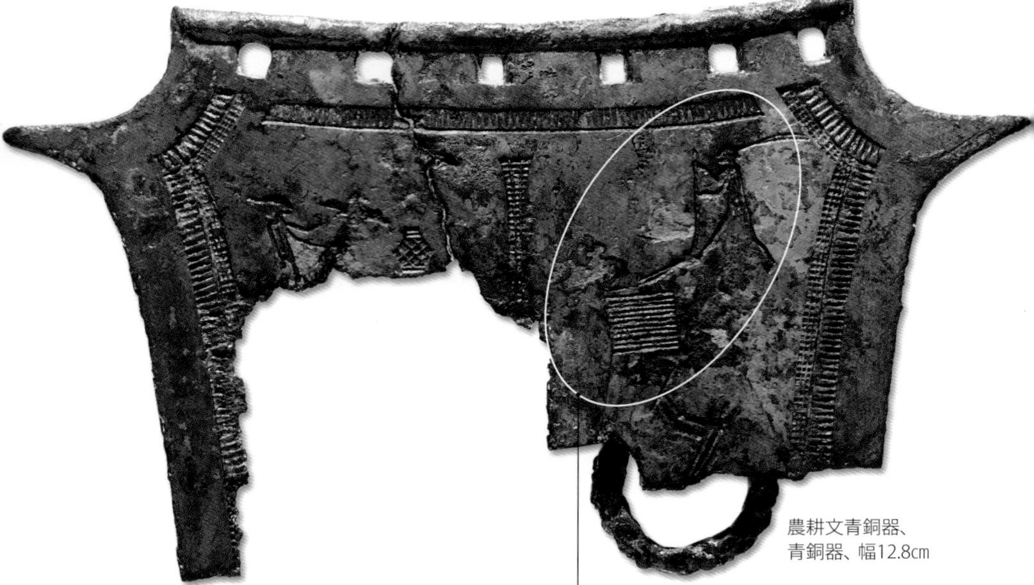

農耕文青銅器、
青銅器、幅12.8㎝

豊年を願う

農耕文青銅器はその年の農業がうまくいくように祈る、祭祀のときに使われた道具です。青銅器時代に農業を行う姿を生き生きと見せてくれる重要な資料です。

裸の男

畑を耕す男は裸で祭祀を行っています。頭に鳥の羽のようなものを付け、鋤のようなものを手にしています。農耕文青銅器には鍬で土を掘り起こす姿、穀物を土器に保存する姿も刻まれています。

韓国特有の青銅器文化

韓国式青銅器には、中国で発見された青銅器の形や文様とははっきり区別される特徴が表れています。技法もきわめて優れており、文様はとても精密です。韓国の青銅器文化は日本へと伝わり、日本文化に影響を与えました。

剣把形銅器、
青銅器、25.4㎝

石鎌、
青銅器、約25.4cm

半月石刀、青銅器

農作業が忙しい

農作業を行う土地が多くなると、農具も増えていきました。この時代の代表的な農具と言えば、石鎌《かま》と半月石丁でしょう。半月石刀は、ひもを通して持ちやすいように穴を開けています。これは稲の穂を刈るときによく使われました。

青銅器と権力者

他人よりも多くの財物を持った人は部族を率い、祭祀を執り行いました。権力者たちは他の人びとが持つことのできない青銅器を所有しました。墓にしても、巨石を使った支石墓を築きました。権力者の墓の中には剣、斧、鏡、鈴などの特別な青銅器が副葬品として一緒に埋められています。

天と通じる鏡

陽射しが強いとき、首に鏡をかければ、陽射しが反射し、ぴかぴかときらめきます。権力者たちはこうした方法で、天と通じる特別な存在だということを誇示しました。

青銅の鏡、
初期鉄器、
直径23㎝、国宝143号

8つの日輪

「八」は広がりと豊かさを示す特別な意味を持つ数字です。8つの鈴はらせん状の陽射し文様が刻まれており、権力者が太陽のような存在であることを象徴しています。

青銅八頭鈴、
初期鉄器、青銅器時代、
直径12.4㎝、国宝143号

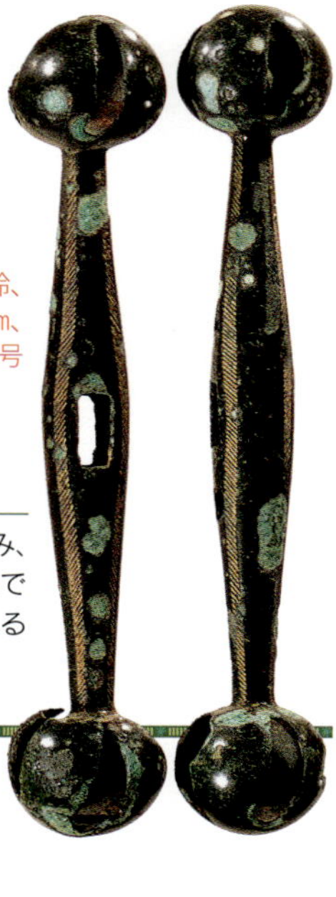

双頭鈴、
初期鉄器、長さ約22㎝、
国宝143号

神にかざした鈴

真ん中の穴に木の枝を差し込み、祭祀を執り行うときに振る鈴です。鈴の音で辺《あた》りが清められると信じました。

※国宝143号は全羅南道大谷里出土青銅遺物。

鉄器と国家

韓国の歴史で最初の「国《くに》」は古朝鮮でした。古朝鮮は青銅器文化を基礎にして築かれ、紀元前5世紀頃に鉄器が入ってくると、国の力はいっそう盛んになりました。鉄器は青銅器よりもずっと硬く、武器や農具をつくるのに、より適していました。鉄器は初めは中国の漢から入ってきましたが、後には自らつくるようになりました。鉄器技術の発達はそのまま国の発達へとつながりました。

刀形の銭

明刀銭は朝鮮半島で発見された中国の貨幣です。中国の燕の国（戦国時代）の人びとは、明刀銭を使って古朝鮮の物品を購入したりしました。物々交換の時代から「貨幣」を使うようになるのは大きな変化でした。

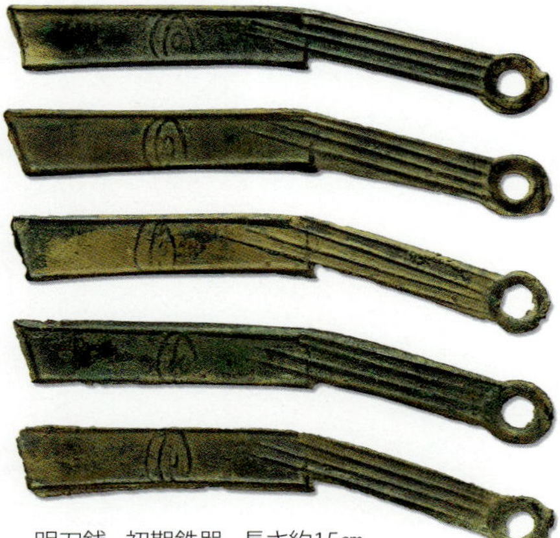

明刀銭、初期鉄器、長さ約15㎝

半月のような刀

広く普及した鉄器は、農具や武器をつくるのに使われました。硬い鉄で土を掘ると、今までよりも深く耕すことができ、力を省いて仕事ができました。そしてずっと多くの穀物を収穫できるようになりましたが、不幸にも食料の奪い合いで、部族間の戦争が頻繁に起こりました。

鉄製の農耕具、
初期鉄器、長さ約20㎝

硬い無文土器

新石器時代と違って青銅器・初期鉄器時代には文様がなくなり、表面がなめらかな土器が登場します。土器を焼く技術も発展し、今までにない高い温度でずっと硬く焼くことができるようになりました。

首長の壺、初期鉄器

原三国時代

三国が成立するまで

古朝鮮が発展して滅びる頃、その周辺地域ではまた他の集団が部族単位で勢力を競っていました。各々の勢力は他の部族と合従連衡したり、戦争を繰り広げ、ついに「国」へと発展していきました。こうしていくつかの「国」が生まれ、高句麗、百済、新羅の三国へと発展した頃、鉄器の生産が拡大し、日常生活でも広く使用され、中国・日本との交流も盛んになりました。

輸入された名品の鼎釜《かなえがま》

青銅の鼎釜は中国から輸入されました。中国との交流が頻繁であったことが分かります。こうした青銅器は、権力者たちだけが持つことができました。

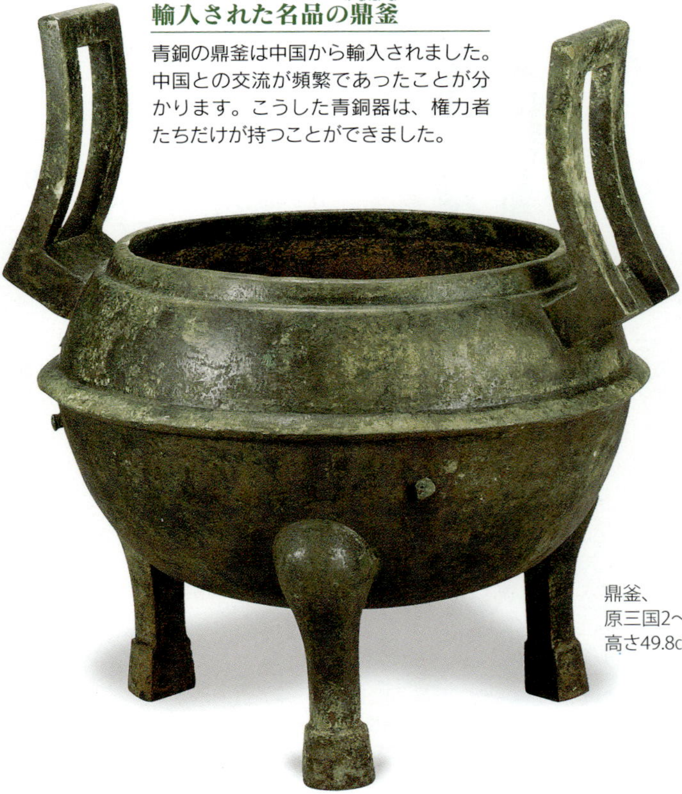

鼎釜、
原三国2～3世紀、
高さ49.8㎝

馬に使ったくつわ

原三国時代には鉄器の製作技術が広く伝わり、鉄製の武器や農具、馬具などもつくるようになりました。くつわは馬に乗るときに必要な道具でした。この頃から馬で駆け、より遠くまで領土を広げることができるようになりました。

鉄製の馬のくつわ、原三国1〜3世紀、約36cm

水晶と玉の首飾り、原三国、中央の水晶の直径は長さ3cm

天然の防腐剤、漆

この刀の鞘《さや》は数千年間、墳墓の中に埋っていたのに、腐食しませんでした。その理由は何でしょうか。それはまさしく、木に塗った漆のためです。漆の木の樹液が防腐剤の役割をしてくれたのです。この中に、韓国式銅剣が入っていました。韓国式銅剣と漆が施された鞘、青銅器、初期鉄器時代の文化が原三国時代まで発展しました。

剣とその鞘、原三国、長さ61.6cm

地産の名品の首飾り

原三国時代には玉を貴んでいました。水晶、碧玉《へきぎょく》、瑪瑙《めのう》、ガラスなど、いろいろな種類の玉《ぎょく》が発見されています。とくにガラス玉の鋳型が発見され、自ら玉をつくっていたことが分かります。

霊魂を運ぶ鳥

鳥の形をした土器は墳墓の中から出土しました。鳥は死者の霊魂を天の世界に連れていくものと信じたため、一緒に埋めました。

アヒル型土器、
原三国3世紀、長さ34.4㎝

鳥装飾の蓋付土器、
原三国2～3世紀、
高さ32.8㎝

高句麗

天下に号令をかけた国

高句麗は強い国でした。鋼鉄でつくった最新式の武器で周辺の国ぐにを征服し、さらに強力な国家を築くために発達した制度を導入しました。広開土王（好太王）は王権を息子たちに譲り、律令を導入し国家組織を整備しました。太学という学校を設け、人材を養成したり、また仏教を国教としていち早く受け入れました。このように発展した高句麗文化は百済、新羅、伽倻、そして日本などに大きな影響を及ぼし、その後、統一新羅と渤海にも伝わりました。

広開土王陵碑とその拓本、高句麗414年、高さ639㎝

父のために建てた碑石

「広開土王陵碑」はとても巨大です。高さはヒトの４倍ほどです。韓国の歴史上最も大きな碑石で、古い遺物です。この碑石を建てたのは広開土王の息子、長寿王でした。碑石には高句麗が打ち立てられた歴史、領土を広げたこと、墓を守り管理する方法などが刻まれています。息子が父に捧げた最高の贈り物だと言えます。

特別な鳥、三本足のカラス

王族たちは特別な文様をつくって使いました。枕の両脇には三本足のカラスや鳳凰、龍などが見えます。高句麗を象徴する三本足のカラスの３つの足はそれぞれ天、地、人を意味し、黒い色は北方を守る色で、誕生と始まりを意味します。高句麗の人びとはカラスを「神の使者」、「天の意思を伝える鳥」と考えていたと言われています。

枕脇の装飾、
高さ13㎝

特別な人たち、王族

王族はたくさんの権力を享受しました。住まいと墓の大きさ、装身具からも身分の違いが分かります。金は貴金属の中で最高とされ、王族だけが使うことができたと言われています。

焔文透刻金冠（複製）、
高句麗、長さ33.5㎝

金の釘が打たれた履物

この履物の形はスパイクに似ています。おそらく甲の部分は革でつくられており、紐でくくって固定して履いたのでしょう。長さは34.8センチ、こんな大きな履物を誰が履いたのでしょう。この金銅の履物は実際に履いたものではなく、権力者の権威と威厳を示すためにつくられたものと思われます。

金銅の履物、高句麗、34.8cm

新羅の墳墓から高句麗の器が出土

高句麗は新羅を助けました。この器の外側の底には「乙卯年 国岡上 広開土地 好太王 壺杅十」という文字が記されています。これは「日本が新羅を侵略したとき、高句麗の広開土王が助けてくれたので、その恩義に報いる意味でこの文字を記した」と言う意味です。

青銅器、高句麗、直径19.4cm

美しい壁画を残した国

高句麗の人びとは陵の墓室の壁や天井に絵を描きました。陵の主人公の様子、生活、風俗、高句麗の人びとが夢見た内容などです。それゆえ、陵の壁画をよく観察すれば、高句麗の人びとの生活の様子がうかがえます。高句麗のかつての都だった中国の集安城、北朝鮮の平壌などから、陵の壁画が発見されています。高句麗の壁画は世界的に認められている韓民族の文化遺産です。

天と地の世界

天の理想世界を描いた円形の天井と、地の現実世界を描いた四角の壁面があります。天井には馬を駆って狩りをする人びとと、めでたい動物たちが描かれています。高句麗の人びとにとって天は未知の世界ではなく、現実の延長線上にありました。

徳《トク》興《フン》里《ニ》古墳の東壁画（模写）、408年、平安南道南《ナム》浦《ポ》市（北朝鮮）

馬車に乗る

主が馬車に乗り、侍従たちの護衛を受けて行幸しています。身分の高い主は冠をかぶり、ひげを生やし、外套を身に着けています。壁画を通じて高句麗の人びとの暮しの様子がうかがえます。

北を守る玄武

東は青龍、西は白虎、南は朱雀、北は玄武。この4匹の動物神は28の星座を守る守護神です。死者を保護してくれるものと信じていました。玄武は亀と2匹の蛇を合わせた想像上の動物です。

玄武図、江西大墓(模写)、6世紀後半〜7世紀前半、平安南道南浦市、実物は378×207㎝

再び生まれてもあなたと

仏教では蓮の華は生命と光を象徴します。世の中のすべての存在が蓮華から生まれ出ると信じていました。蓮華の中に描かれた2人の姿は再び生まれた夫婦のようではないでしょうか。

頭を垂れて額づく夫婦

仏像の前で頭を垂れて額づく夫婦が見えますか。ひたすら祈願しているように見えます。

長川1号墳壁画(模写)、5世紀、中国吉林市集安市

百済

秀でた芸術の国

百済は地理的に漢江《ハンガン》、錦江《クムガン》、栄山江《ヨンサンガン》などの大河と広い平野を擁していました。それで早くから農業を行い、安定した生活を営んでいました。そのお蔭で生活に余裕が生まれ、他の国ぐによりも文化芸術をより発達させることができました。国も技術の高い匠《たくみ》たちを優遇し、新羅や日本も百済の優れた匠たちを招請しました。

鳥が翼を広げたよう

瓦屋根の両端に置かれる鴟尾《しび》（装飾瓦）は、さながら鳥が翼を広げて飛んでいく姿です。

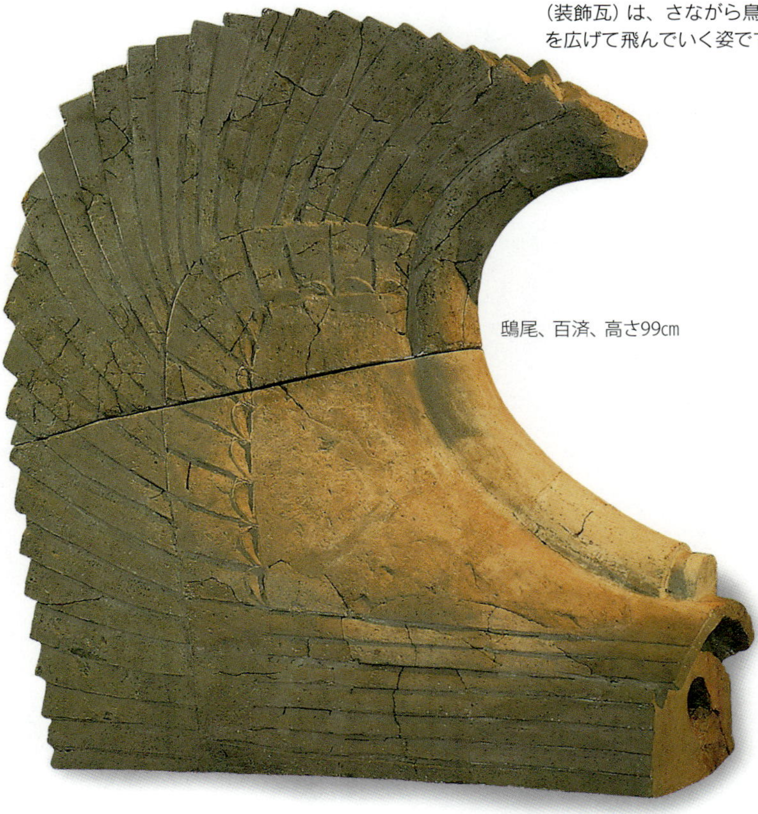

鴟尾、百済、高さ99㎝

風景画を見るよう

建物の礎石や基壇に敷いた煉瓦です。煉瓦一つにも繊細な文様を描いています。山と木と天が織りなす、百済の人が理想と考える世界が込められていると考えられます。

山水文煉瓦、
百済、30×30㎝、宝物343号

蓮華がまさしく咲いたよう

蓮の葉の先がそっと浮いてきています。まるで風がそよっと吹けば揺れるようです。百済の優雅な美しさを感じることができるでしょう。

軒丸瓦、百済6〜7世紀、直径約15㎝

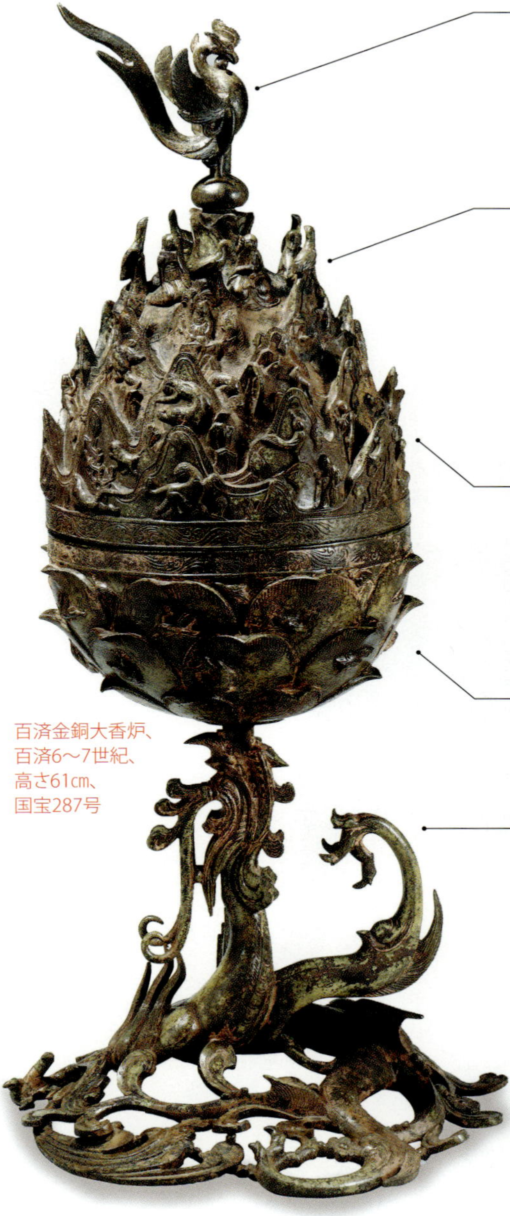

百済金銅大香炉、
百済6〜7世紀、
高さ61㎝、
国宝287号

平穏な世の中を表現した鳳凰—鳳凰は平和な世の中を表す鳥です。蛇の首、魚の尾、亀の背、燕のあご、鶏のくちばしなどを合わせたものに似ていると言われています。羽と毛は五色の輝くような色をしており、5つの美しい音色を持っていると言われます。翼を開いた鳳凰は如意棒を持ってどこかに飛び立とうとしているのでしょうか。

美しい音楽を演奏する楽士—コムンゴ（玄鶴琴)、排簫《はいしょう》、阮咸《げんかん》、笛、太鼓など、それぞれ異なる楽器を演奏している姿が見えます。

道教的な74の峰みね—大小の74の峰々には髪を洗う神仙、釣を楽しむ神仙、馬に乗っている神仙など17人の神仙が見えます。聖なる動物も表現されています。それぞれの峰々に見える炎の文様は永遠の生命の誕生を表しています。細かく見ると、木々や小川、湖もあります。

生命の象徴、蓮華—蓮の種は3000年以上たっても生きており、種の身が割れて初めて芽が出ます。泥の中でも、その泥に染まらず、香り高い花を咲かせます。それで蓮の華には誕生、純粋、生命などの意味が込められています。

香炉を支えている水神、龍—龍は春には天に上っていくが、秋になると、地に潜ると言われています。それで水の神と言われるのです。天に向かって勢いよく跳ね上がる龍の姿は実に生き生きとしています。

香り高い蓮華から生まれた香炉

この香炉は百済の寺址から発見されました。香炉とは悪臭を取り除き、不浄をなくすために香を焚く器です。火を焚くと、白い煙が香炉の上を包み、それはまるで霧がかかったように見えます。金銅大香炉に表れている天、地、水などの表現から、百済の人びとが描く理想郷を垣間見ることができます。

活発な文化交流の国

百済は周辺の他の国ぐにと積極的に交流を持ちました。他の国の文化を受け入れ、洗練され優雅な文化をつくり出しました。そうした百済文化は日本、中国、東南アジアなどに伝わり、その地の文化の一部となりました。日本は「飛鳥」という発達した文化をつくり出すとき、百済から多くの影響を受けたと言われています。

液体を燃やす器、鐎斗《しょうと》

龍頭が柄になっています。全体の均衡感覚が優れています。中国から渡ってきたもので、身分の高い人が使っていた器です。

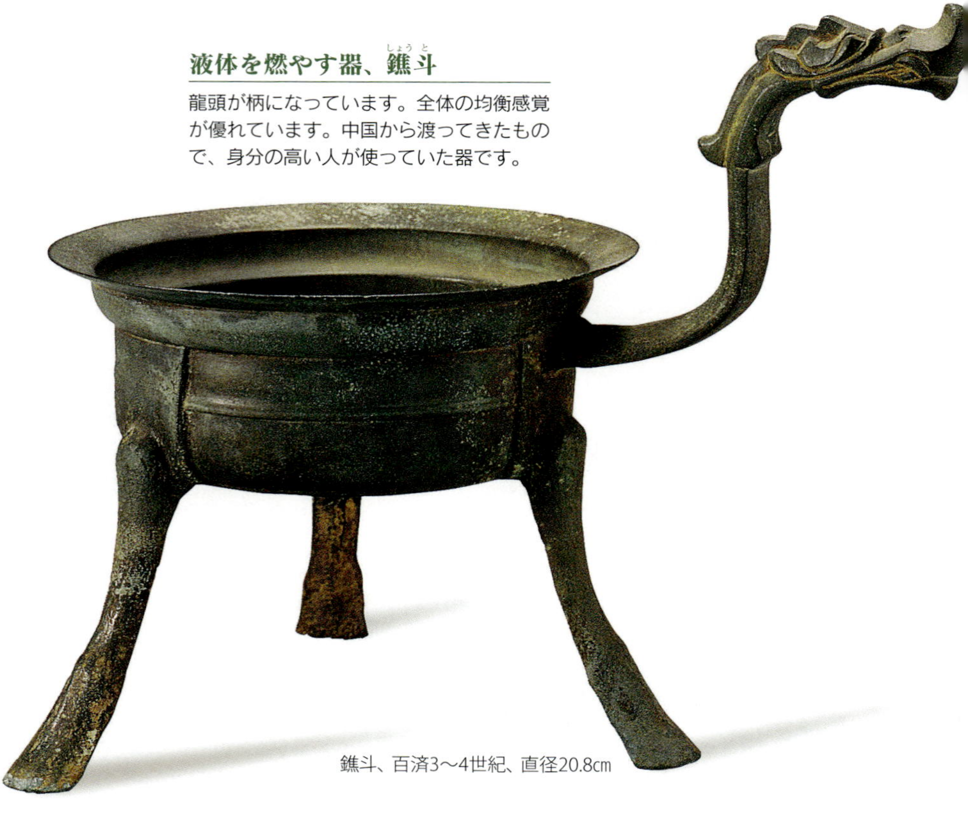

鐎斗、百済3～4世紀、直径20.8㎝

麗しい冠装飾のクミゲ

小枝のようなものがついているクミゲが男性用であり、それがないのが女性用です。女性の装身具の方が華やかな現代とは対照的です。

冠装飾のクミゲ、
百済7世紀、
長さ20㎝

羊形の青磁、
百済3～4世紀、高さ13.2㎝

霊験あらたかな動物、羊

羊の形をした青磁は中国渡来のものです。曲がった羊の角と足を４本とも内側に折り曲げている姿から、温順な羊の特徴がよく表れています。

塼《せん》（煉瓦の類）で積み上げた玄室

武寧王陵玄室（複製）、
長さ4.2m、高さ2.93m、幅2.72m

武寧王陵は百済の古墳の中で、王の墓と特定できる唯一のものです。アーチ状の天井に塼を積み上げる方式は中国から学び、玄室の棺は日本からもたらされたコウヤマキでつくられています。武寧王陵から出土した数多くの遺物は、百済が多くの国ぐにと活発に交流していたことを教えてくれます。

武寧王陵の鎮墓獣（複製）、
百済6世紀、高さ30㎝

墓室を守る動物

王室の前に置かれた動物の彫刻のように、墓室の前にも守護動物を置いて守るようにしました。

王妃の木枕、百済6世紀、
長さ47.3㎝

枕を当てて安らかに眠る

木の枕の上に鳳凰2羽が向かい合っています。王妃が使っていたこの枕は、死者の平安な安息を望む気持ちを込めています。

王の冠装飾、
百済6世紀、
長さ30.7㎝、国宝154号

王妃の冠装飾、
百済6世紀、
長さ22.6㎝、国宝155号

王と王妃の冠装飾

王と王妃の冠装飾はどう違うでしょうか。王冠の縁のクミゲ（飾りの類）は、二条の花びらの下に垂れている形をしており、王妃の冠装飾のクミゲは花びらの間に花が咲いているような形をしています。

伽倻

先端を走る鉄の国

百済と新羅の間の地域には金官伽倻、大伽倻、小伽倻、安羅伽倻など、いわゆる伽倻6か国がありました。これらの国ぐにでは鉄がたくさん生産されました。当時、鉄はきわめて大切な産業の材料でした。伽倻の人びとは鉄をうまくつくり出して利用することができ、武器と各種の製品をつくって売りました。周りの国ぐには鉄をたくさんつくり出す伽倻の地を我が物にしようとしました。その結果伽倻は、多くの戦争を経ることとなり、結局新羅に征服されてしまいます。

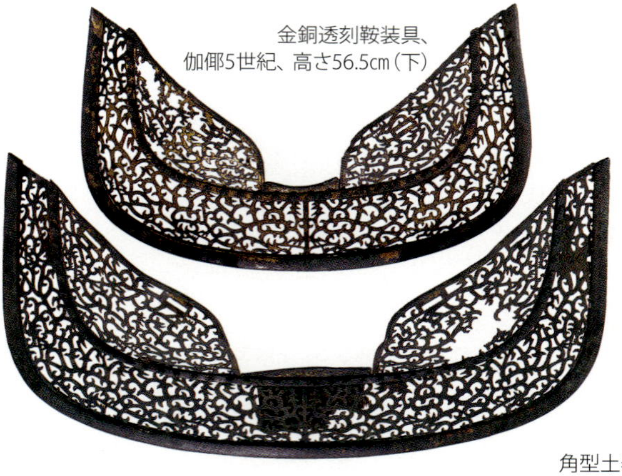

金銅透刻鞍装具、
伽倻5世紀、高さ56.5㎝（下）

馬の鞍も鉄製

鉄がたくさん生産される伽倻では、馬にも鉄でできた胴当てを着せ、兜をかぶせました。戦場で馬に矢が当たってもいいようにするためです。だが、重すぎるので、後には鉄の鞍などに代わって繭などの皮を使ったものにしました。

神仙な動物

車のなかった時代、馬はとても貴重な移動手段でした。だから誰でも乗れるという訳にはいきませんでした。人びとは龍のような想像上の動物も崇拝しましたが、馬も実際に使われる動物として大切にしました。そうして馬の姿が表された角形の杯もつくられました。また高台がついたものもあります。

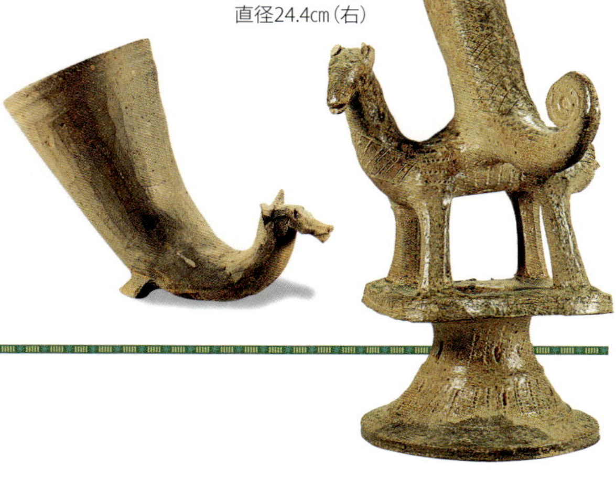

角型土器、
伽倻5～6世紀、
直径24.4㎝（右）

鉄板の半甲冑と頭具、
伽倻5世紀、
高さ49.6㎝

四つ巴の防牌（盾）装飾

この防牌装飾のクミゲは、木や革でできた防牌にかけることができるように裏に輪があります。戦争で勝利を祈願するために防牌装飾をしたものと考えられています。矢が飛んできてもつむじ風のように回るクミゲが風を起こし、矢をはねのけるように見えます。

四つ巴の防牌装飾クミゲ、
伽倻4〜5世紀、直径12.2㎝

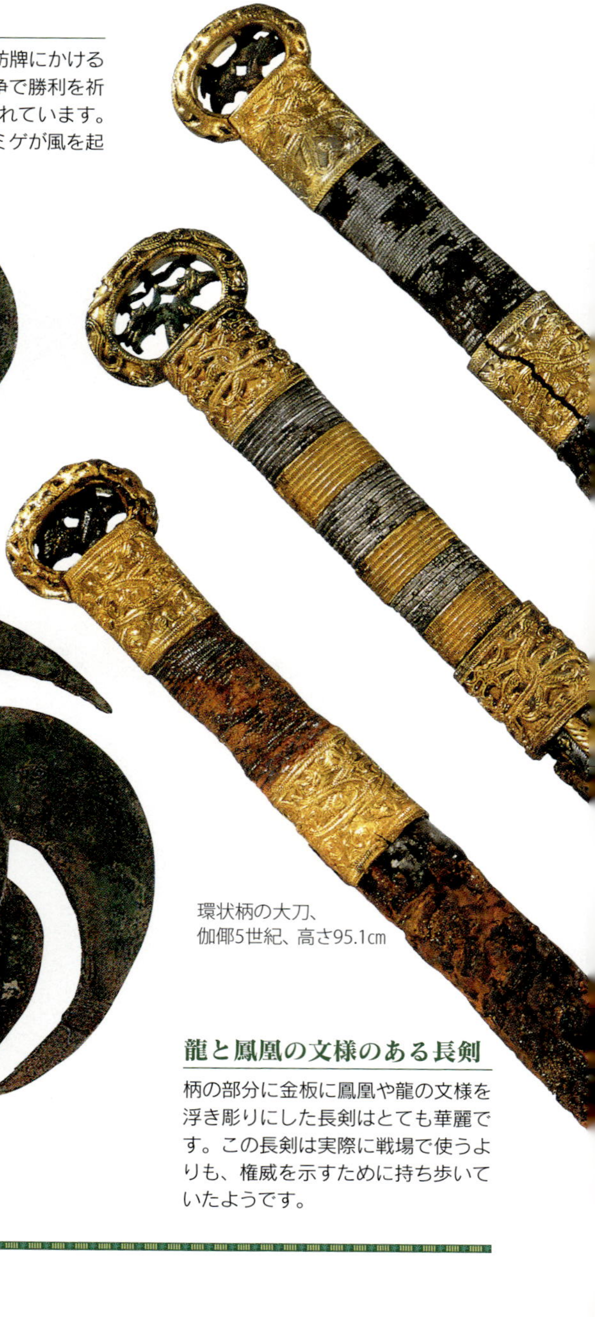

環状柄の大刀、
伽倻5世紀、高さ95.1㎝

龍と鳳凰の文様のある長剣

柄の部分に金板に鳳凰や龍の文様を浮き彫りにした長剣はとても華麗です。この長剣は実際に戦場で使うよりも、権威を示すために持ち歩いていたようです。

新羅

華麗な黄金の国

新羅は厳格な身分制社会だったために、生まれたときに一度身分が定められれば、それを生涯変えられませんでした。いくつかの身分のうち、王族と貴族だけが華麗な金の装身具を身に着けることができました。
頭には燦然と輝く金の冠をかぶり、耳には金の耳飾をつけ、腰には縁飾りがつけられたベルト（帯）と金製の鞘をつけ、足には金銅の靴を履いていました。新羅は金を生産し加工する技術が他の国々よりも優れていました。

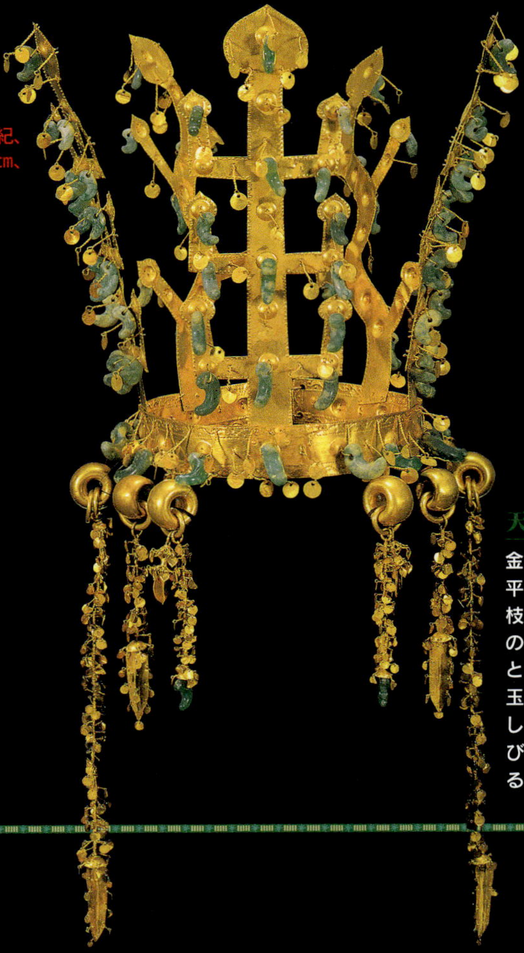

金冠、新羅5世紀、
高さ（冠）27.3cm、
国宝191号

天に伸びる枝

金冠は見事な玉の木の実と平たい木の葉のついている枝のように見えます。金冠の枝は天と地をつなぐ道だと言われています。小さな玉で装飾されており、動かしたり風が吹いたりするたびに、ちりんちりんと妙なる音がします。

靴も金だって？

靴の大きさは32センチ。実際に履くには大きすぎます。陵墓から出土しましたから、亡くなった人の霊魂を守るためにつくったようです。靴底は鳥、花、想像上の動物、トッケビ（鬼）の文様がところどころに描かれており、死者を守っています。

靴底、新羅５世紀、長さ32cm

山の峰のような形をした金冠

峰のように聳える形のこの金製の冠帽は、布や革の帽子の上にかぶせられたものです。いろいろな文様がとても繊細に編まれています。新羅には金をうまく扱う匠が本当にたくさんいたようです。

冠帽、新羅5世紀、高さ17.6㎝、国宝189号

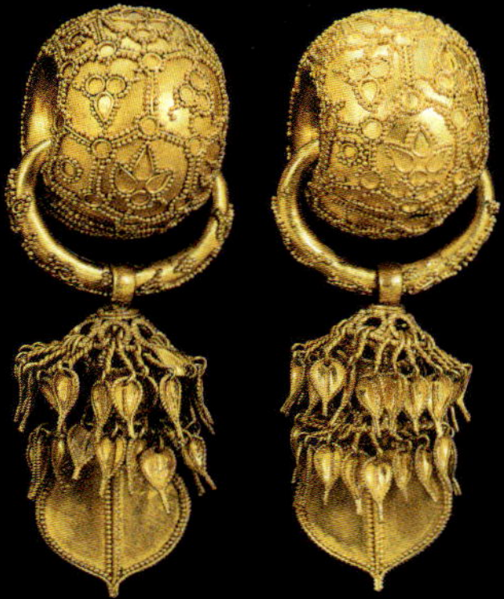

耳飾り、新羅６世紀、長さ8.7cm、国宝90号

木の実型の金の耳飾り

新羅の首飾りのうち、最もすばらしくて美しいものです。これらの首飾りをよく見ると、金でつくった木の実を１つずつつけて六角形をつくり、その中にまた文様を入れています。下には飾り物が37個も付いています。実に華麗で豪華な耳飾りです。

腰帯装飾クミゲ（腰佩）、新羅５世紀、長さ109cm、国宝88号

鈴なりの腰帯

腰帯の下に垂れる飾り物はきれいな玉、小さな刀、魚、ニンジンやツルニンジン、砥石のような形をしたものまで付いています。それらは日常生活でしばしば目にする非常用の品じなが多いようです。必要な品々を腰帯に付けて歩く姿を真似てつくったと言われています。

宝石が収まった鞘

この鞘はペルシャ地域で収集したものだと言われています。宝石が収まっており、新羅の黄金装飾と似ている点もありますが、違うところもあるでしょう。

装飾宝剣、
新羅６世紀、長さ36cm、
宝物635号

純白で曇りのない土偶の国

高句麗の人びとが古墳の壁画に生活の様子を記録したとするなら、新羅の人は土偶や多様な形の土器で人びとの生きている姿や動物をつくりました。
土偶とは土器や、また小さな人形そのものを言います。
踊る人、狩りをする人、楽器を演奏する人だけではなく、死んだ子を抱きかかえて悲しむ母の姿をした土偶もあります。
新羅には金の装身具で贅を尽くして装い、華やかな生活をした人びとがいるかと思えば、曇りのない姿の土偶のように素朴に生きた人びともいました。

新羅5〜6世紀、高さ12㎝

新羅5〜6世紀、
高さ20.3㎝、狩人8.8㎝

道化じみた土偶

新羅の人びとはいろいろな土器の土偶をつくりながら、願いが叶うことを望みました。狩りをする土偶を土器に付けたのは、狩りがうまくいくようにと願ったからです。
新羅の人びとは観察にすぐれていたようです。素朴ですが、特徴をとてもよくつかんでいます。

新羅5〜6世紀、高さ9.2㎝

新羅5〜6世紀、長さ9.8㎝

新羅5〜6世紀、長さ9.8㎝

チリンチリン、こちらにいらっしゃい！

貴族と侍従が馬に乗っているところです。貴族（上）は粋な帽子をかぶり、服も侍従に比べて立派です。侍従（下）は手に鈴を持ってチリンチリンと鳴らしながら案内しています。

騎馬人物形土器、
新羅5〜6世紀、
高さ23.4cm（上）、
国宝91号

再び生まれることを願って

壺に蛇とカエル、そして裸の人の土偶が付いています。冬の眠りを終え、春になって目覚める蛇やカエルのように、死者も再び生まれ出ることを、また生命の種をもつ男子の再び生まれ出ることを願う切ない気持ちが込められています。この壺を陵墓の中に置いていた気持ちが分かるでしょう。

土偶装飾長頸壺、
新羅５世紀、高さ40.1cm、
国宝195号

統一新羅

仏の国をめざして

高句麗、百済、新羅の三国は仏教を信じました。新羅は三国を統一し、仏の信仰で国を一つにしようとしました。そうした仏心で寺や塔を建て、鐘を鋳造したり、経典を印刷しながら、仏の教えを広めました。三国が統一された後、新羅社会が安定すると唐と盛んに交流を行いました。唐の先進文化を受け入れ、シルクロードに従って西域の国ぐにとも活発に往き来しました。

ガラスの中にまたガラス

舎利は悟りを開いた者の体から出てくる神秘的な玉です。舎利を納めるきれいな容器に入れ、その容器を再び金製の蔵とガラスの中に入れ、塔の中に納めました。当時、ガラスは金に劣らず貴重でした。
ガラスはペルシャからシルクロードを通って伝えられました。西域からもたらされたガラスと新羅の優れた金細工の技術が出会って、美しい工芸品が生まれました。

金製舎利蔵、
統一新羅8世紀、
高さ15.9㎝、宝物325号

骨壺、統一新羅8世紀、16.5㎝

死者の骨を入れた壺

仏教では火葬した後の骨や粉を骨壺に納めておきます。さまざまな色の斑点や縞模様のある三彩壺は、唐から伝えられました。韓国でもこの頃から色のついた陶磁器を使い始めました。

悪い気は立ち去れ！

鬼のような形相をした獣の顔は、悪鬼の侵入を防ぐためのものです。ずんぐりした目と鋭い犬歯、額には角まで生えています。

鬼面文瓦、
統一新羅8〜9世紀、高さ28.2㎝

怒った獅子

後足をすくめ、前足を立てて視線は前を見据えたまま、目を見開いています。香を焚くと、獅子の口と鼻から煙が立ち昇るようにつくられています。怒った獅子の姿を実によく表しています。

香炉の蓋、
統一新羅8〜9世紀、
高さ16.5㎝

熱い蝋燭の涙に注意！

蝋燭の蝋が垂れ落ちないように切る鋏は、ふつうの鋏とは形が違います。文様も色鮮やかです。統一新羅のこの金銅鋏は日本にも伝わり、貴重な工芸遺物として今も正倉院に残っています。

金銅蝋燭鋏、
統一新羅8〜9世紀、
長さ25.5㎝

楽しい遊び

このサイコロの各面には「顔をくすぐっても耐える」、「音を立てずに踊る」、「詩一首を詠う」など、おもしろい罰則が刻まれています。貴族たちの風流を楽しむ姿がうかがえます。

賽（サイコロ）、
統一新羅8〜9世紀、高さ4.8㎝

渤海

高句麗が復活した国

高句麗が唐と新羅の攻撃を受けて滅亡した後、高句麗の人びとは唐に連行されたり、唐に対抗して戦ったりしました。高句麗の人、大祚栄《テジョヨン》は高句麗の移民と靺鞨《まっかつ》の人びとを集め、かつての高句麗の地に国を建て、国名を渤海《ぼっかい》と称しました。渤海は朝鮮半島北部と満州、沿海州地域にわたる巨大な国を建設しました。高句麗を継承していましたが、時代の発展とともに多様な文化を混合した渤海独特の文化を創造しました。

馬よ、駆けろ

広々とした平原を存分に駆けた渤海の人びとの気高い意気込みが感じられます。

乗馬人物像、渤海、高さ5.3cm

龍頭（複製）、渤海、高さ37cm

凛々しい龍

墳墓の下から建物を支えていた2匹の龍です。この上にはどんなにすばらしい建物が立っていたでしょうか。龍の生き生きとした力強い姿から建物まで今なお残っているように見えます。

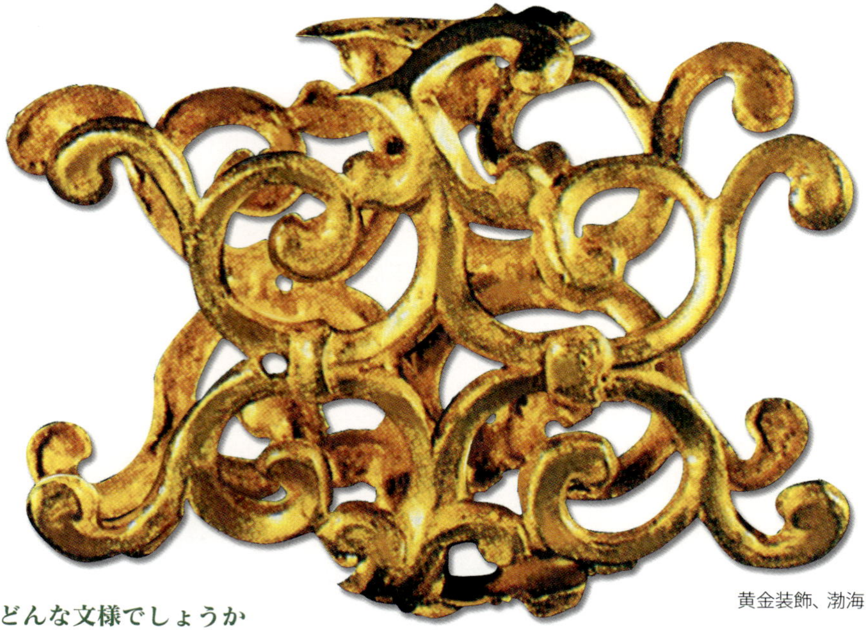

黄金装飾、渤海

どんな文様でしょうか

黄金の装飾からどんな文様を発見できますか。黄金で装飾されたこれらのものは主に貴族たちが使用しました。

獣面瓦（複製）、渤海、高さ36㎝

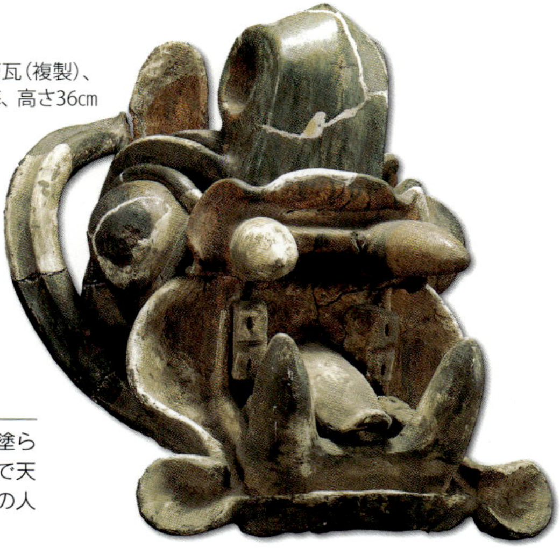

歯の飛び出た鬼瓦

口をあんぐり開けた獣の顔をしており、青く塗られています。空に向けた力強い咆哮が、まるで天地を動かすような勢いが感じられます。渤海の人びとの生き生きとした覇気が感じられます。

悟りの宗教

渤海の人びとが最も多く信じた宗教は仏教です。とくに貴族たちが信じました。この仏碑像には、許王府という官吏の母が仏教に帰依した人のためにつくったという文章が刻まれています。人びとは墳墓の塔や仏像をつくったりしました。

仏碑像（複製）、
渤海834年、高さ73.3cm

高句麗、直径16.6cm

百済、直径19cm

新羅、直径17.4cm

蓮華文軒丸瓦、
渤海、直径15cm

高句麗と似ているでしょう

渤海の瓦文様はほとんどが蓮華です。とくに渤海の瓦と蓮華文は高句麗のものととてもよく似ており、製作、技法まで似ていたと言われています。

高麗

名品工芸の国

高麗は世界的に「高麗青磁」をつくった国として広く知られています。当時、青磁をつくることのできたのは中国と韓国だけでした。高麗の陶磁器は優れた造形と均衡美を備えていました。青磁ばかりでなく、金属工芸や螺鈿《らでん》漆器も同じく高麗を代表する名品工芸です。

世界最古の象嵌《ぞうがん》技法

梅の花と竹の色は違います。このように異なった色の土を陶磁器に埋め込み、文様の形と色を異なるように表現する技法を象嵌と言います。高麗の人びとは最高の象嵌技術を持っていました。

青磁象嵌竹鶴文梅瓶、高麗12世紀後半、高さ33㎝、国宝1168号

銀で刻んだ水瓶

浄瓶は仏に捧げる水を入れる器です。青銅に鋭利な道具で絵を刻み、その中に銀をはめ込んでつくったのが銀入糸瓶（浄瓶）です。象嵌青磁はこれをつくる技術があったから可能だったのです。

青銅銀入糸蒲柳水禽文浄瓶、
高麗12世紀、高さ37.5㎝、
国宝92号

青磁透刻七宝文香炉、
高麗12世紀、高さ15.3㎝、
国宝95号

翡色（秘色）の香炉

悪臭を取り除き、不浄を祓うために、香炉で香が焚かれます。3匹のウサギが、香炉をしっかりと支え、均衡をとっています。

宇宙の真理をこめた器

貝の内側の真珠層を剥がして文様をつくって貼りつけ、その上に漆を何度かに分けて塗り込んだ工芸品を螺鈿漆器と言います。互いに異なる色を繊細で美しく貼りつけています。中国・宋の文人墨客が欲しがるほど、高麗の螺鈿漆器は当代最高でした。

螺鈿玳瑁漆菊花蔓草文念珠盒子、
高麗12世紀、直径24.5cm

螺鈿玳瑁漆菊花蔓草文払子、
高麗12世紀、長さ42.7cm

仏教で一つになった国

後高句麗、後百済、新羅の三国が建てられた後、この三国は高麗に統一されました。渤海が滅びると、その遺民も高麗にやってきました。当初は互いに異なる国の人間と思っていましたが、その後同じ高麗人だと考えるようになりました。
高麗は度重なる戦争を経る中で、八万大蔵経をつくって敵を打ち払うほど、仏を信じる信仰心の深い国でした。

大方広仏華厳経 普賢行願品貞元本巻34、高麗、宝物752号

金泥で書いた仏の言葉

写経とは、仏画や経典を真心をこめて描いたり写したりすることを言います。文字一字一字にこもった仏の言葉を心に刻んで実践しようという修行です。

鐘の音を聴け

梵鐘の上には音通（共鳴口）があり、その横には輪にかける龍の装飾があります。天興寺《チョンフンサ》の鐘の上についているもので、鐘を撞くとこの龍の咆哮が鳴り響いて天地を揺るがし、この世に澄んだ音を聞かせてくれます。

天興寺鐘、
高麗1010年、高さ187cm、
国宝280号

水月観音図、高麗、119×63.5㎝、宝物1286号

最も美しい菩薩

水に映った月の中で、菩薩はどんな姿をしているのでしょうか。禅定《ぜんじょう》の境地に入った菩薩の姿は華麗な装飾が見事です。内側の肌が透けて見えるほどの薄い裾に包まれた観音菩薩の肩と指を見ましょう。柔和な表情には、深く洗練された魅力があります。

朝鮮

自負心の強い文化の国

李成桂《イソンゲ》は高麗最後の恭譲王《コンヤンワン》から王位を受け継ぎ、新しい国、朝鮮（李氏朝鮮）を打ち建てました。朝鮮は社会を安定させ、水準の高い文化を花咲かせました。中国と緊密な関係を結んでいながらも、中国とは異なるという強い自負心がありました。科学的で独創的な朝鮮の文字（ハングル）を創製し、朝鮮の空天を包み込む時計につくったし、地図には朝鮮の大地に対する自負心をこめました。

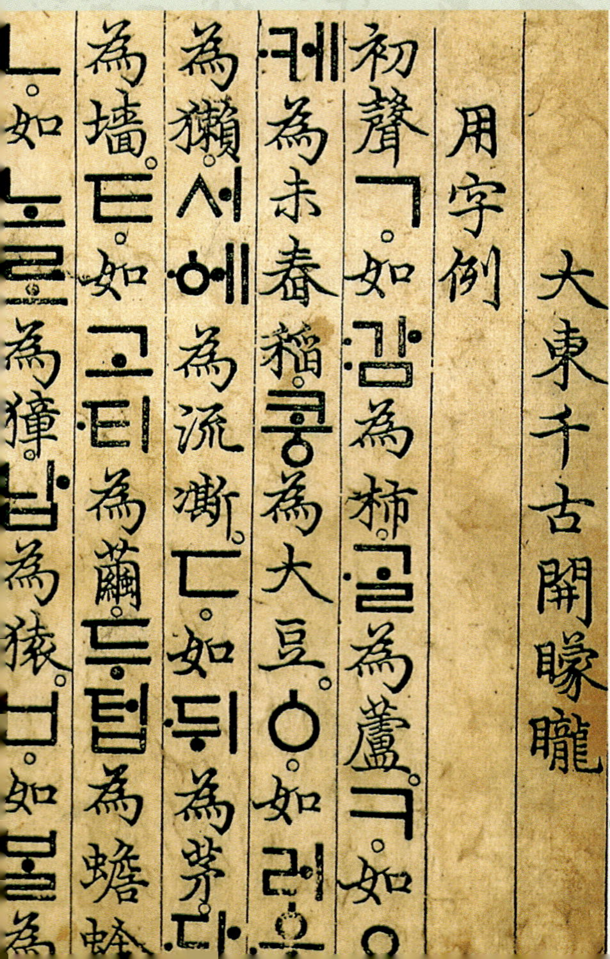

訓民正音解例本、
朝鮮1446年、22.6×17.2㎝、
国宝70号

我われの言葉は我われの文字で

ハングルが生まれる前には韓国では話し言葉と書く文字が一致していませんでした。ハングルは世界で最も独創的で科学的な音素をもとにした表音文字です。
『訓民正音解例本』はハングルの子音と母音がどのような原理でつくられたかを説明しています。

日星定時儀、
朝鮮1437年、高さ68cm

昼と夜の時間

昼夜の時間を測る日時計および星時計です。夜は北極星を中心にし、昼は赤道面を平行に置いて時間を測りました。

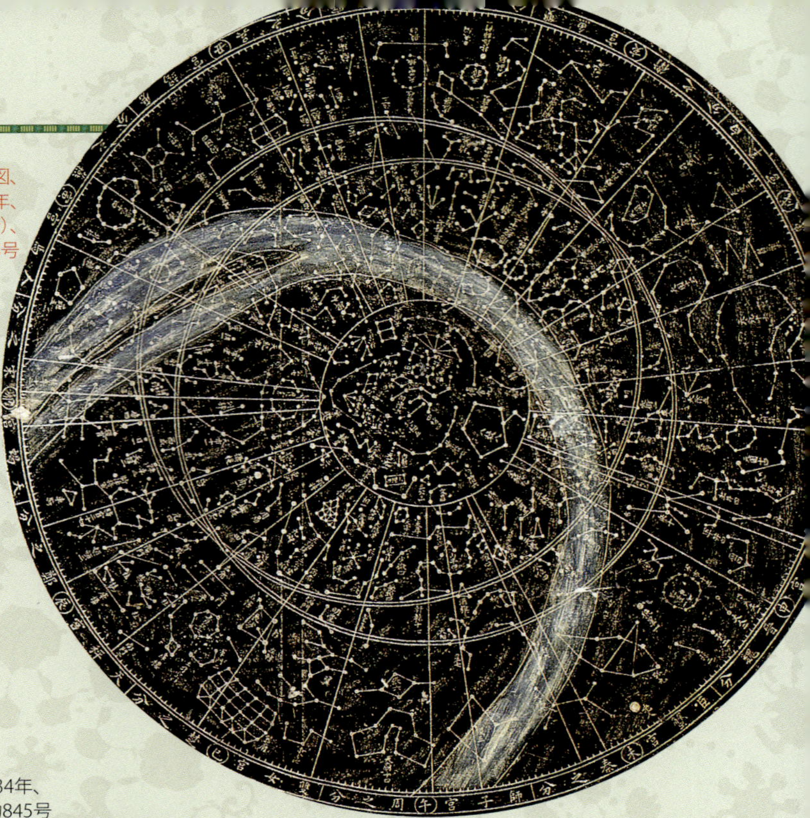

天象列次分野之図、
朝鮮1395年、
直径80cm（部分）、
国宝228号

仰釜日晷、朝鮮1434年、
直径124.3cm、宝物845号

星は全部でいくつある？

星座を描いた朝鮮の代表的な天文図です。果てしなく広い空を12に分けました。都合1467個の星が描かれています。

日陰が教えてくれる時間

日時計は陽射しに差す影で時間を測ります。農業を重要と考えた朝鮮はこのような天文観測器具をつくるのに多くの努力を傾けました。

混一疆理歴代国都之図地図（模写本）、
朝鮮1402年、158×168㎝

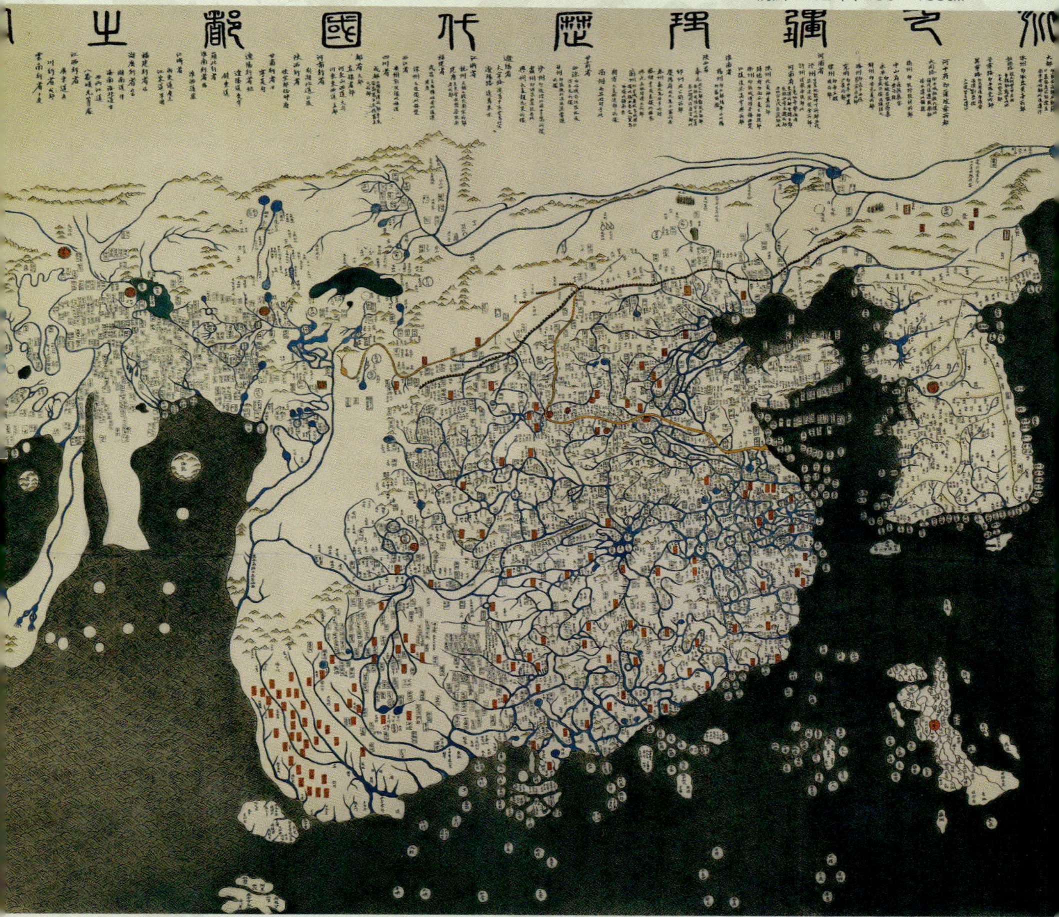

大きな朝鮮！

朝鮮は世界で中国の次に大きな国だと考えて描いた世界地図です。この地図にはヨーロッパやアフリカの地まで含まれています。

朝鮮は竹を割ったようなソンビ*の国

朝鮮は性理学（人の性と宇宙の理気の関係を論じる儒教の一流派で、朱子学とも程朱学とも言う）の理念と理論を中心にして儒教的な理想政治を掲げて国を治めようとしました。科挙の試験を通じ、儒教を学んだ人を官吏として登用しました。儒学者たちは礼と道徳を重視し、これを実践できる人格を磨くことを目標にしました。一般の民衆にも儒教の礼法と風習に従わせました。
王に忠誠を尽くし、父母に孝行する気持ちを強調しました。

自然を友とし

絵の中で自然と親しむソンビを見つけてみましょう。朝鮮時代の人びとは人生を一場の夢と考えたために、自然を守り慈しまねばならないと考えました。

松下観瀑図、
李麟祥《イインサン》、朝鮮18世紀、
23.8×63.2㎝

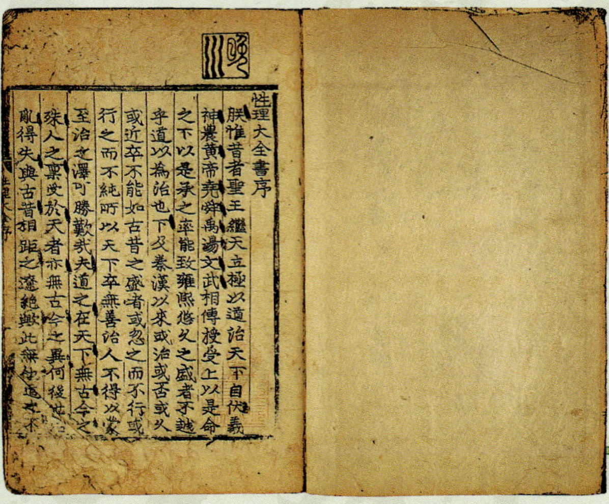

性理大全書序
朕惟昔者聖王繼天立極以道治天下自伏羲
神農黄帝堯舜禹湯文武相傳授受上以是命
之下以是承之卒能致雍熙悠久之盛者不越
乎道以為治也下及秦漢以來或治或否或久
或近卒不能如古昔之盛者或忽之而不行或
行之而不純所以天下卒無善治人不得以蒙
至治之澤可勝歎哉夫道之在天下無古今之
殊人之禀受於天者亦無古今之異何後世治
亂得失與古昔相距之遼絶歟此無他道之不

性理大全書節要、
朝鮮1538年、31.8×20.6㎝、
宝物1157号

性理学の発達

朝鮮時代の学者たちは性理学を集大成した『性理学大全』を必ず読まねばなりませんでした。この本は70巻に及ぶ膨大なものでした。
『性理学大全』を4巻に整理したのが『性理大全書節要』です。朝鮮王朝中期以降、この本がつくられてから、朝鮮では性理学の研究が活発になります。

※ソンビとは、儒者、知識人、両班（朝鮮の貴族）であっても、仕官していない人びとが典型とされた。

本を友とする

書籍を友としたソンビたちは、暗い夜でも読書を怠ってはなりませんでした。
蝋燭が貴重だった時代にそれを使うことができた階層は、富裕なソンビたちだけでした。この燭台は華やかではないが、銀象嵌によって文様が巧みに描かれています。

鉄製銅銀入糸燭台、朝鮮18〜19世紀、高さ80.5cm

家具もソンビに似ている

長方形の本棚は装飾がほとんどなく、木目を装飾に生かして自然さを醸《かも》し出しています。単純で素朴なのがかえって美しさを引き立てています。

三層書箱、朝鮮19世紀、高さ133cm

ソンビの姿そのままに

謙斎・鄭敾《チョンソン》（1676～1759）の自画像と思われるこの絵の中で、ソンビの生活をそっくりそのままうかがい知ることができます。書籍、燭台、扇、書棚など、ソンビが使った品々を絵の中で探しましょう。

読書余暇、
鄭敾、
朝鮮18世紀、
17×24.1㎝

白磁文梅瓶、
朝鮮15～16世紀、高さ36.8㎝

礼をただす

礼儀を尽くすために、ソンビたちは家に独りでいるときも常に帽子を被りました。帽子は身分を示す徴《しるし》でした。

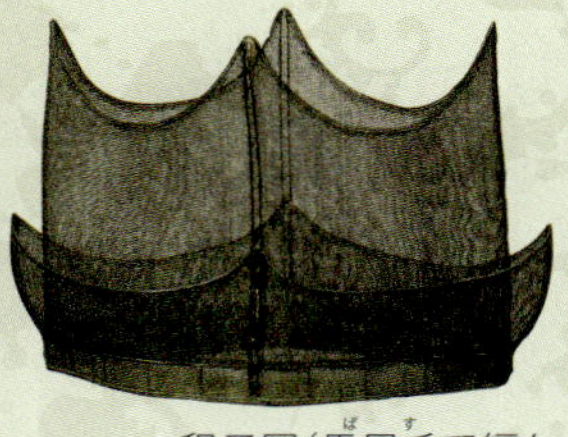

程子冠（馬尾《ばす》毛で編んだ貴族の家での帽子）、
朝鮮後期、高さ20㎝

潔く凛としたモッ

白磁の壺は装飾がなくても凛とした気品が感じられます。それはまるで朝鮮のソンビのようです。そんな美しさを韓国語ではモッ（粋）と言います。

文化

テーマで見る韓国の文化と文物

この章では、韓国の代表的な記録文化の遺産となったハングル、
他のいかなる国よりも先んじていた印刷文化、
当時の人びとがどのように暮らしていたのかを教えてくれる文書、
山の道や水の道まで描いている科学的な地図などを、
テーマ別に見てみましょう。

ハングル

世界で最も独創的な文字

ハングルがつくられる前には、韓国人はどのようにして自分たちの意志を表現したでしょうか。漢字の訓や音を借り、日本の万葉仮名と似た吏《イ》読《ドゥ》や句訣《クギョル》（韓国風の送り仮名）で表現しました。

吏読は韓国語を漢字で表記したもので、句訣は公文書などで特殊名詞や副詞などを記すのに使われました。ハングルを初めてつくったのは1443年（世宗25）です。世《セ》宗《ジョン》大王が学者たちと力を合わせて、文字を知らない民衆たちのためにつくった独創的で、科学的な文字です。

磁器にもハングル

皿に文様のようにハングルを刻んでいます。陶磁器を焼く匠たちの筆づかいが一つの芸術品として描かれています。

ハングルが書かれた白磁の祭器、朝鮮後期、直径16㎝

王室にもハングル

嬪宮《ひんきゅう》（宮女）たちの衣服の目録を記す場合、ハングルを使いました。このハングルの字体は宮中の女官たちが使ったから、「宮体」と名づけられています。

嬪宮の服装を記した目録、朝鮮1882年、25×117.2㎝

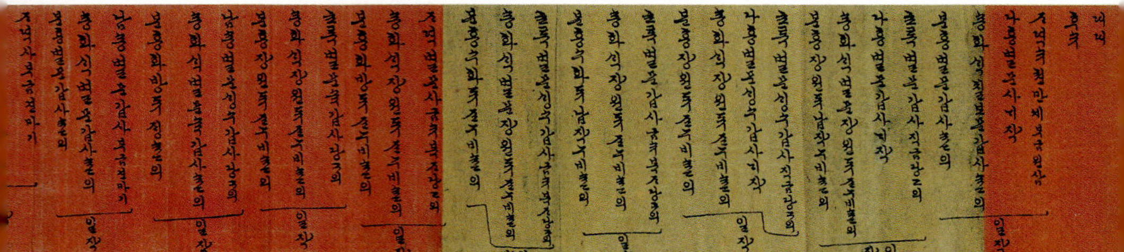

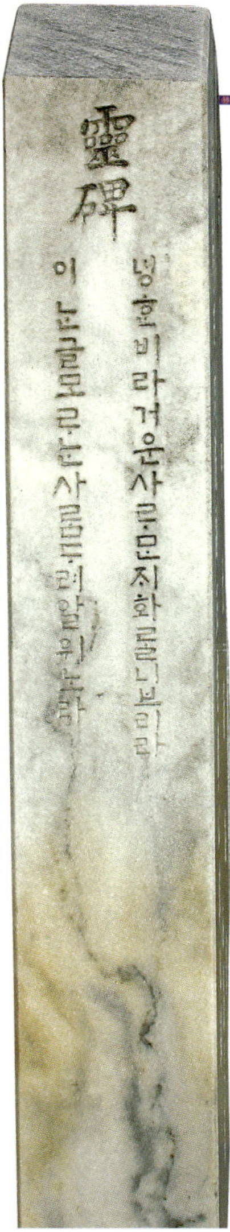

李潤卓《イユンテク》　ハングル霊碑（複製）、
朝鮮1536年、高さ175㎝、
宝物1524号

難しい漢文をハングルで解く

漢文をハングルで読み下した文章を「諺解《げんかい》」と言います。この本は釈迦の言ったことをハングルで読み下したものです。「諺」とはハングルを意味し、「諺文《オンムン》」はその俗称です。
朝鮮の王室は重要な本をハングルで読み下し、民衆もたやすく手にとって読めるようにしました。

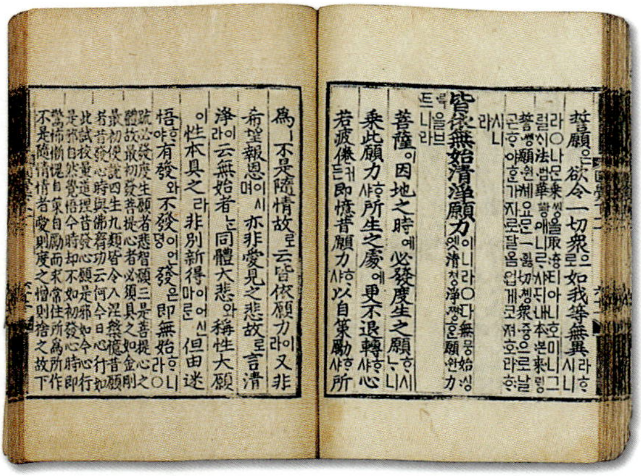

大方広圓覚修多羅了義経諺解、
朝鮮1464年、32.52×23㎝、宝物970号

ハングルを守る運動

1910年に、韓国は日本に国権を奪われてからは、言葉と文字（ハングル）を使うのが難しくなりました。
ハングル学者たちは冷遇され、一般の韓国人も学校では日本語で教育されました。自分の言葉と文字（ハングル）を守ることは韓国人の魂を守ることでした。

朝鮮語クン（大）辞典、
1947～1975年、26×19㎝

碑石にもハングル

朝鮮時代前期に刻まれた唯一のハングルの碑石です。碑石の表と裏にはその主の名前と一代記が漢文で刻まれており、左側にはハングルで「碑石を倒す者は災いをこうむる」という警告のような文章が刻まれています。

行実図十曲屏風、
朝鮮後期、87.6×39㎝（1幅）

生活の中にもハングル

ハングルは広く使われたが、とくに実生活にも助けとなる文章が本や、あるいは屏風のような形にしてつくられました。「行実図十曲屏風」とは漢文とハングルの２つを使って表し、内容をさらに理解しやすくするために、絵でも表しています。

印刷

世界に先んじた印刷文化

紙がつくられる前、人びとは文字を木や石、鉄などの金属に刻みました。中国で紙が発明されると、木に文字を彫りつけ、紙に刷り始めました。これが木版印刷の始まりです。韓国は印刷文化が世界で最も進んだ国でした。世界で一番古い木版印刷本をつくり、また世界で初めて金属活字をつくりました。

金属活字の発明

世界で初めて金属活字をつくったのは高麗です。『直指心体要説』は現在、世界で最も古い金属活字の印刷本とされています。
2001年、「ユネスコ世界記録遺産」に選定されました。
現在はフランス国立図書館に保管されています。

高麗、12世紀　1×1㎝

高麗金属活字は韓国に「福」の字が、北朝鮮に「腆」の字がそれぞれ1つずつ残っています

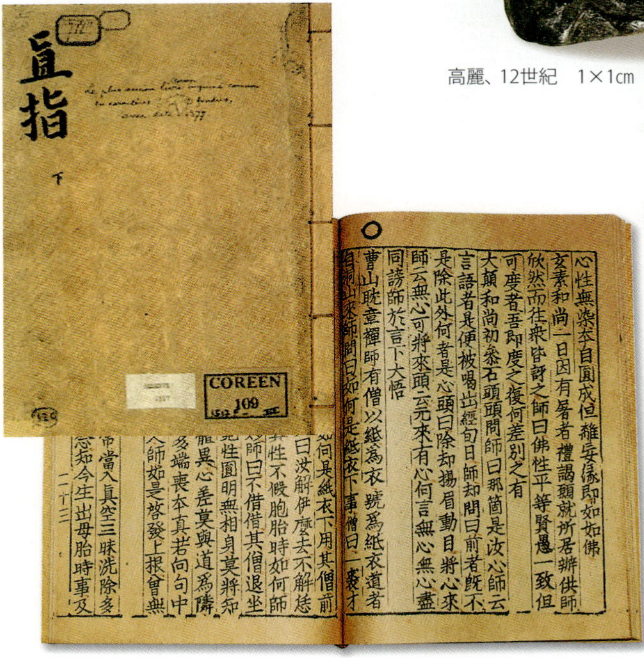

直指心体要節、
高麗1377年、21.4×15.8㎝、
宝物1132号

8万の経版に刻まれた釈迦の言葉

「八万大蔵経」を完成するのにどうして16年もかかったのでしょう。経典を刻んだ経版（木版）の数は8万以上に上り、8万4,000の法文《ほうもん》（お経）が刻まれています。ユネスコで指定した世界記録文化遺産に登録されています。

八万大蔵経、高麗、68×24.5㎝
国宝32号

『童蒙先習』の木版、朝鮮後期、23×50.5㎝

『注文製作』木版印刷

木版印刷が広く普及したのは朝鮮時代の後期です。官庁や書院ばかりでなく個人も自ら費用を拠出し、族譜（朝鮮独特の家系図本）、教育用書籍、師匠や先祖の文章を印刷しました。

木版印刷の先駆

世界に残っている木版印刷本で最も古い『無垢浄光大陀羅尼経』は、慶州・仏国寺の三層の石塔の中から発見されました。「無垢浄光」とは無垢で清らかな光という意味で、「陀羅尼経」とは釈迦の言葉を要約した経典という意味です。

無垢浄光大陀羅尼経、
統一新羅、8世紀、6.7×64.8㎝、
国宝126号

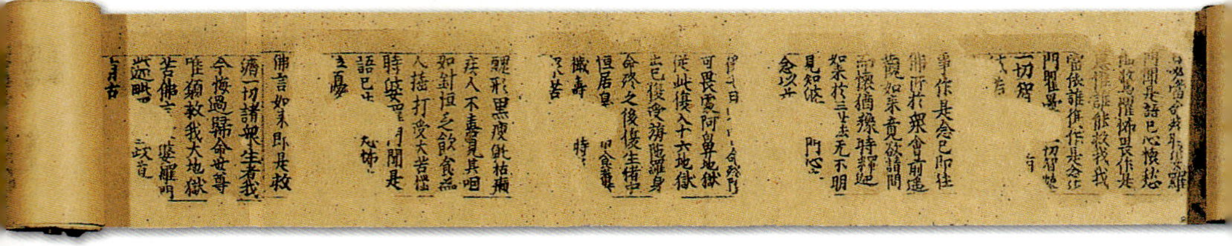

印刷の小道具

印刷するときにはさまざまな彫刻刀ばかりでなく、紙と版木がよくなじむように上から叩きつける叩き棒やヘラもよく使われます。

木活字の保管箱（部分）、20世紀初、37.6×67.8㎝

活字の保管

朝鮮時代、印刷技術が発展するにつれて、活字をすぐに探し出せるように、文字別に分類しておく保管箱がつくられました。

金石文

石と金属に刻まれた文字

石と金属に刻まれた文字を金石文と言います。広義には土器、木、服地などに書かれた文字も金石文に含めています。
金石文は金、仏像、刀剣など、主に僧侶たちが使っていたものや墓誌、印章など貴族たちが使っていたものに多く見られます。支配層と関連する文字が大部分だが、その中から時代の意識をうかがうことができます。

許載《ホジェ》石棺、高麗1144年、95×59×39㎝

ここに人が横たわった

死んだ人の名前と経歴などを刻んだ文字、またはそうした文章を刻んだり、描いている板を墓誌と言います。この墓誌の中には故人の生前の業績と功徳を讃えた文章を、外側は蓮華、十二支神などを描いています。ここに死者の骨を入れました。

讃えて建てた気持ち

故人を讃える意味で碑を建てます。この塔碑には圓朗《ウォンラン》禅師（9世紀半ばの人）の業績はもちろん、遺文も刻まれています。

圓光寺の圓朗禅師塔碑、
統一新羅890年、
226×97㎝、
宝物360号

むやみに押してはいけない

文書に印章を押せば、内容を確認し、相手の要請を許可するという意味になります。したがって、印章はとても重要です。多くの権力者たちは印章を持っており、これを失えば権力を行使できないこともありました。

印章、
高麗、直径2.5㎝〜5㎝

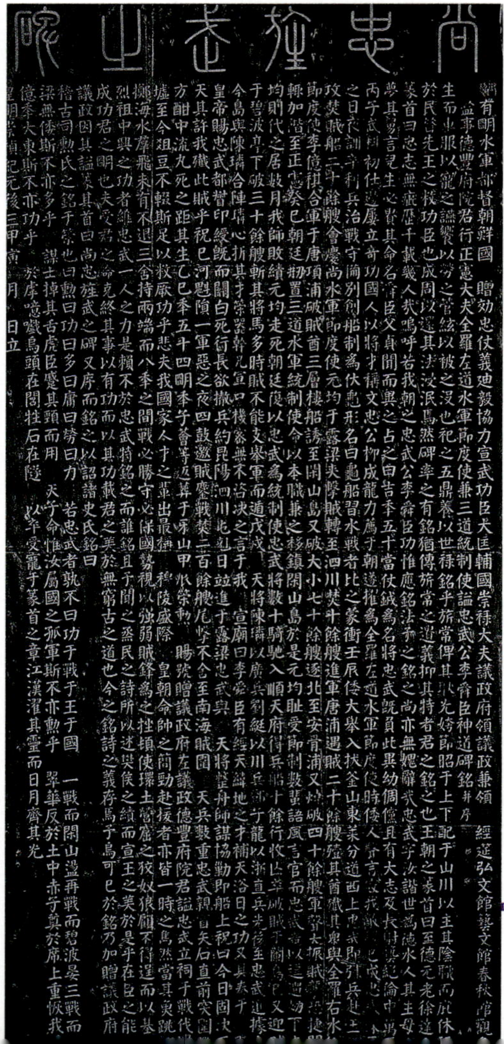

李舜臣《イスンシン》神道碑搨本（拓本の類）、
朝鮮1693年、218×93㎝

鮮やかに写した拓本

盛り上がって見える拓本は、金石文の面に紙を張り付け、その上を墨汁を入れた棒で叩きながら、碑石の文字を写す方法です。拓本は金石文の解釈ばかりでなく、美術、工芸、書体の研究などにも重要な資料として使われます。

紙の代わりの木（木簡）

紙の代わりに木に文字を刻んだり、墨で記したりしました。荷物に荷札をつけたり、ちょっとしたメモをするときや事件を知らせたり、経典を記録する場合にも木を使いました。

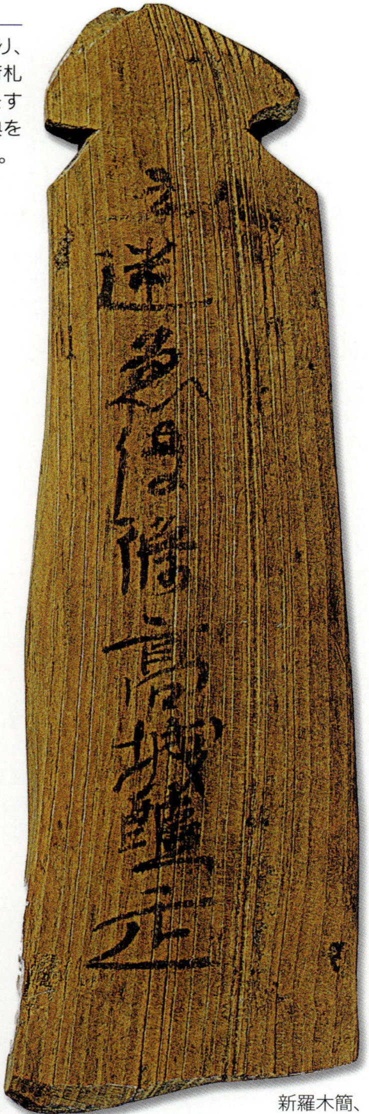

新羅木簡、
統一新羅8世紀、長さ16.5㎝

白頭山定界碑（擢本）、
朝鮮1712年、67×45㎝

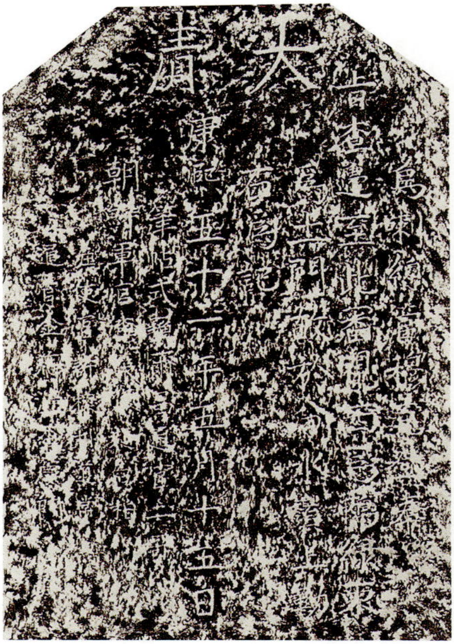

文書

証拠を残すために

文書として証拠を残すのはとても重要です。人びとは口約束はあまり守らないうえ、自分に有利なほうへ主張したりします。そうした場合、証拠となるものがあればいいわけです。朝鮮時代の人びとはこうした問題に対処するために、きちんとした約束ごとは文書として残そうと心がけました。国のことに使われる公文書、王が官吏に下す教旨（指示）、家や田畑を売り買いするときに使う明文（合意書）、濡れ衣を着せられて法律に訴えるときに使う訴状など、いくつかの種類の文書があります。

長々とした文書

土地やものを売り買いする売買が成立すれば、買った人は官庁に申告し、官庁は売った人に確認し、商人と文書の作成者に対しても事実を確認します。いくつかの段階を経て、事実確認されると、官庁ではそれらの文書を長々と貼り合わせ、買った人にそれを渡しました。

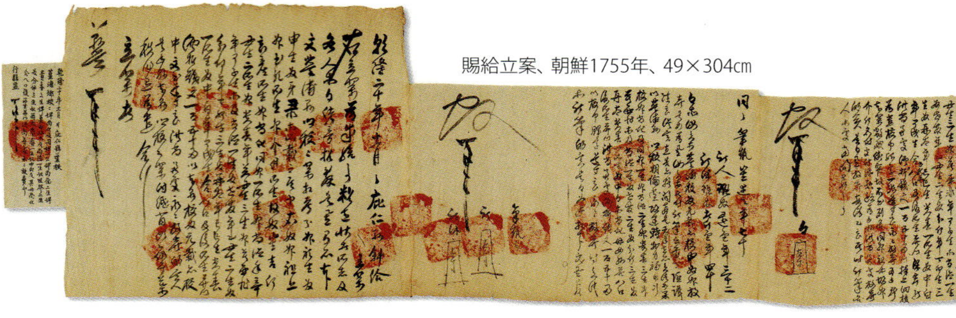

賜給立案、朝鮮1755年、49×304㎝

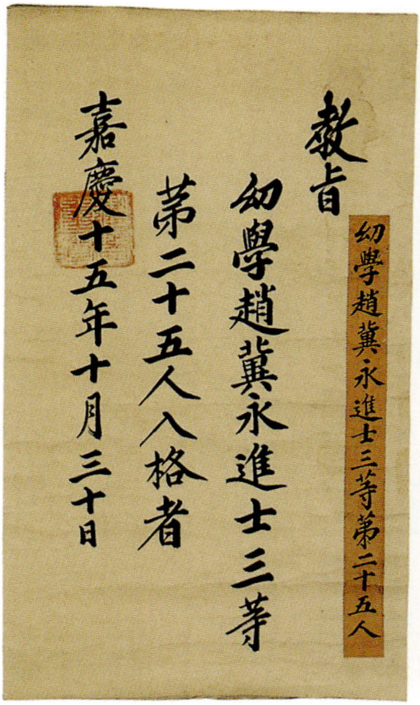

幼學趙冀永進士三等第二十五人

教旨
幼學趙冀永進士三等
第二十五人入格者
嘉慶十五年十月三十日

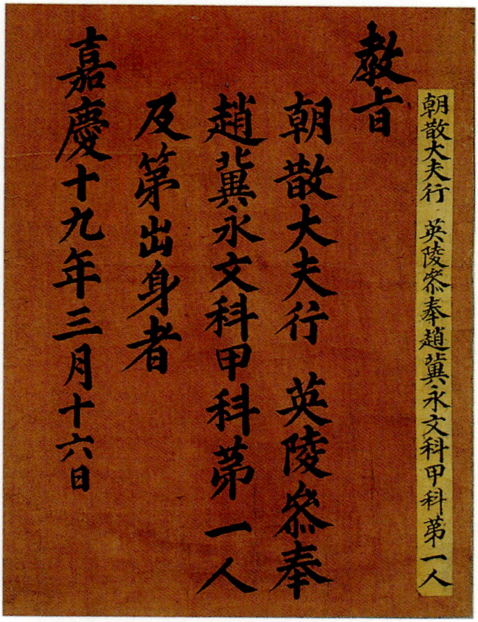

朝散大夫行 英陵參奉趙冀永文科甲科第一人

教旨
朝散大夫行 英陵參奉
趙冀永文科甲科第一人
及第出身者
嘉慶十九年三月十六日

（左）白牌、朝鮮1810年、86×49㎝
（右）紅牌、朝鮮1814年、96×63㎝

合格書がすなわち成績表

科挙の試験で合格した人に下す合格書です。白牌には「進士三等第二十五人」、すなわちこれは進士の試験合格者のうち、25番と記されており、赤っぽい紙の紅牌には「甲科第一人及第」、つまり１番、首席合格です。

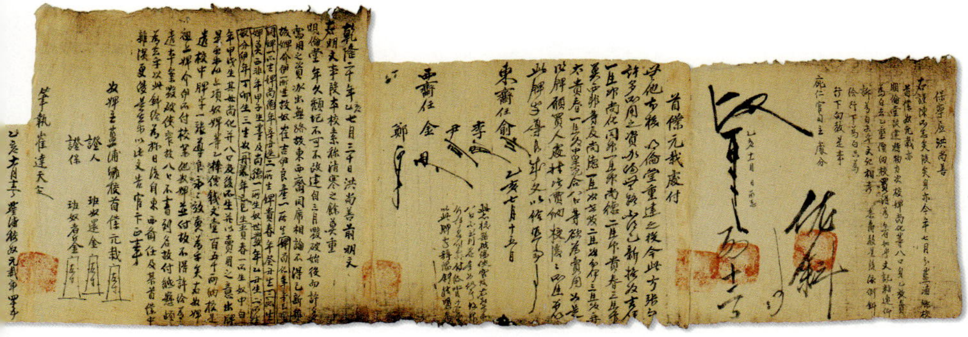

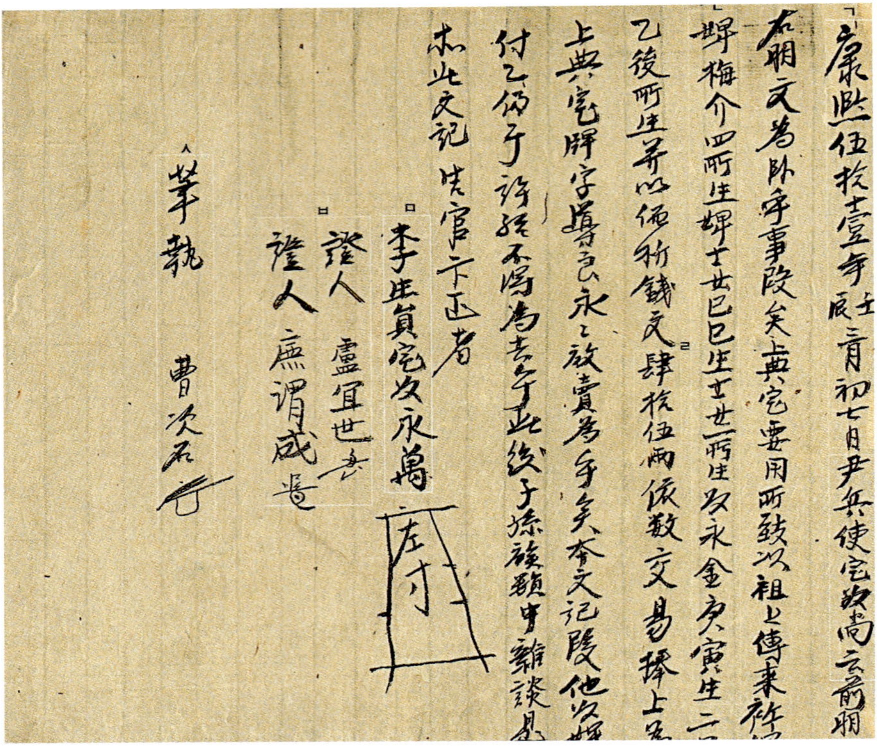

明文、朝鮮1722年、38.2×42.5㎝

牛の値段にも及ばなかった奴婢

この文書では1712年3月7日、奴婢2名を45両で買ったと書かれています。牛は力が強く、百姓仕事で大いに手助けとなるという理由で、人間の奴婢よりも高い値段で売り買いされました。

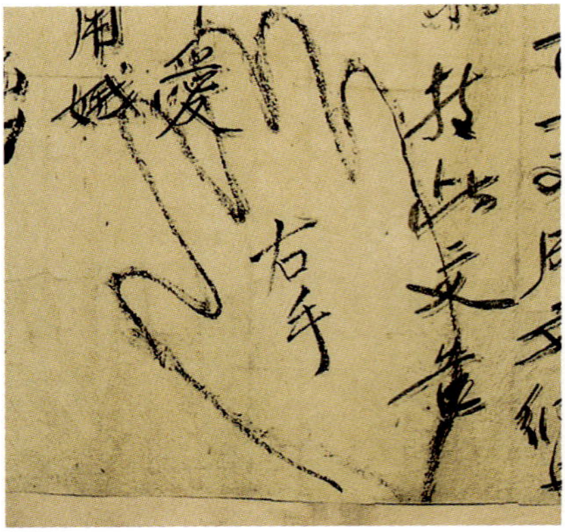

(左)手掌
(右)着押(花押)、太祖李成桂

絵で説明するやり方

自分の名や意味のある文字を変形させて署名しました。また、文字を知らない人は自分の手の平や指を描いて署名の代わりにしました。

地図

山の道と水の道の科学

天を描いた図が天文図で、大地を描いた図が地図です。山の道と水の道、各地方の都市や村、主要施設などを絵で描いたものを地図、文字で表したものを地誌と言います。地図は国を治めるためには絶対に必要な資料で、またすばらしい美術作品でもありました。地図は科学の領域でありながら、歴史の記録でもあり、それ自体芸術作品でもありました。信念と価値体系、ひいては周辺の世界に対する夢と希望も含んでいました。

世界の中の朝鮮

天を意味する円の中に海と大陸を描きました。実際の地名もありますが、想像上の国も描かれています。中国は真ん中に位置し、その横に朝鮮と日本が並び、琉球がその下にあります。当時の人びとの世界認識を読み取ることができます。

天下図、朝鮮18世紀、30.8×40.1㎝

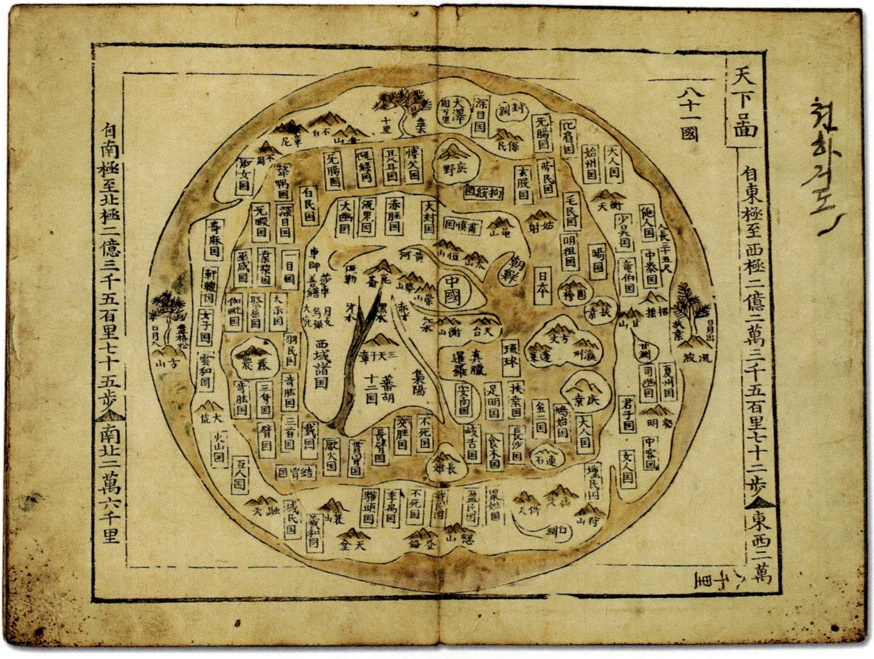

大東輿地図

1861年、古山子・金正浩《キムジョンホ》（?～1864）は経度と緯度を測定し、「大東輿地図」をつくりました。この地図は科学技術の発展した様子を見せてくれます。
韓国の領土を22に区分し、22巻の本につくり、木版本を製作して印刷し、広く普及させました。

「大東輿地図」の木版（複製）、
朝鮮1861年、32×43cm

「朝鮮地図」の部分、
朝鮮18世紀、21×33.5cm

鬱陵島の地図

18世紀に描かれた「朝鮮地図」の中の鬱陵島《ウルリュンド》の地図です。その横の「于山《ウサン》」という島が独島《トクト》（竹島）の昔の名だという学者もおり、鬱陵島に属する小さな島だという学者もいます。

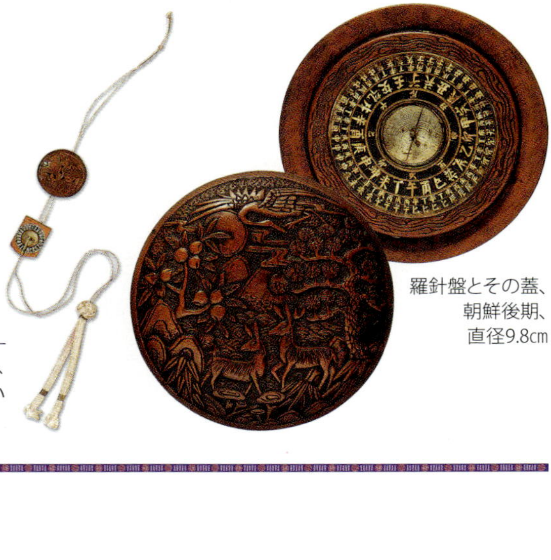

羅針盤とその蓋、
朝鮮後期、
直径9.8cm

方向を示す羅針盤

朝鮮後期につくられた携帯用羅針盤は、それ以前の「東西南北」の表示しかないものよりもずっと精巧でした。

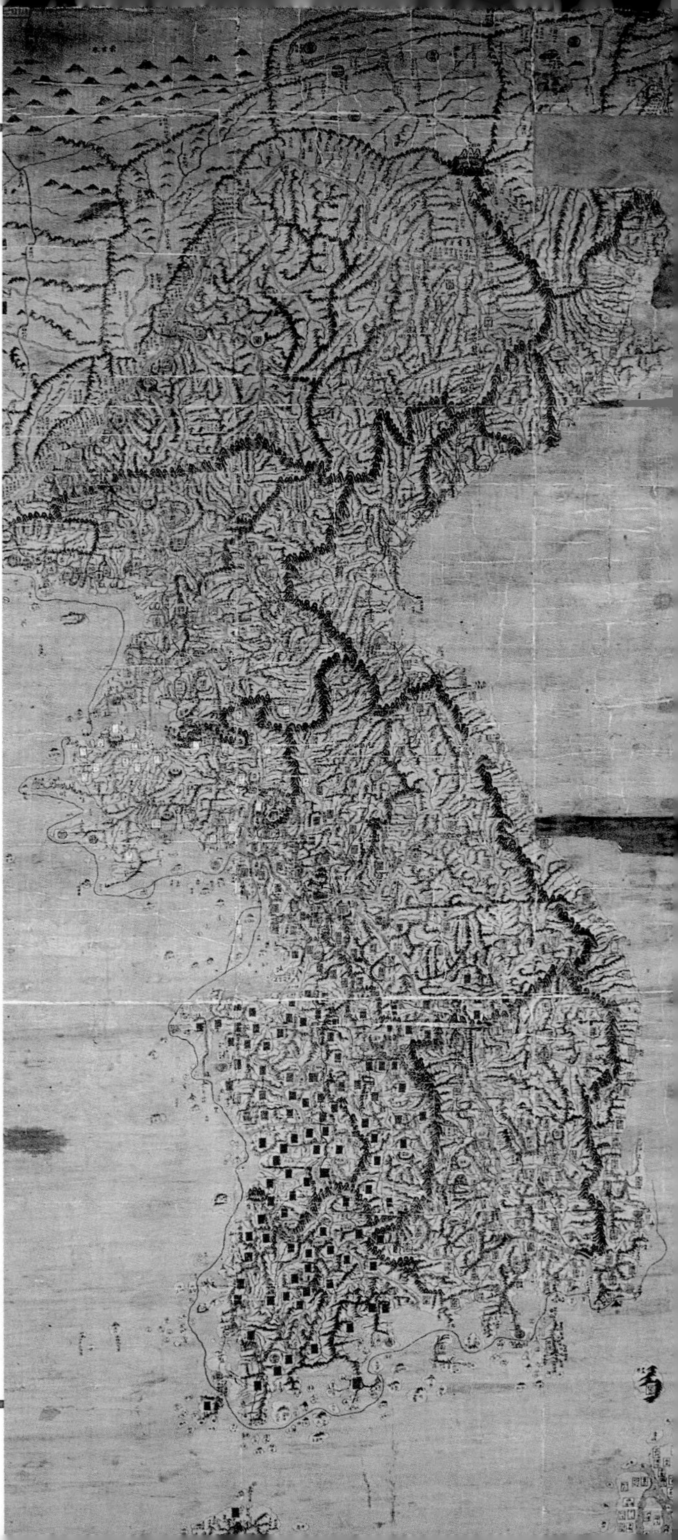

東国大全図、
朝鮮18世紀、272.7×147.5㎝

全国のいたる所を一目で

地図の製作技術が次第に発達し、地図に描かれた距離だけ見ても、実際の距離を推し測ることができました。絵地図から科学的な地図に発展したからです。18世紀につくられた「東国大全図」は各道別に色が異なり、交通路は赤い線で表示するなど、多様な記号を描き、見やすくつくられています。
このような精巧な地図は国家の重要な機密文書でもありました。外敵に地図を盗まれないように、大切に保管しました。

王と国家

人びとの父

朝鮮の中心は王でした。王は天の命を受けた君子でした。また神と通じると信じられた貴い存在でした。朝鮮の人びとは王に忠誠を、父母に孝行することを人の道と考えました。朝鮮の王室は都城（都）に王の祖先の霊魂を納める宗廟を設け、穀物の神と土地の神に祭事を行う社稷壇をつくり、人びとに範を示しました。

太陽と月、５つの峰が王の象徴

王の居所にはどこも「日月五峰図」がありました。記録画を描くときは、王の姿の代わりにこの絵を描いて王の存在を表しました。「月日五峰図」には、朝鮮を治める統治哲学がこめられています。

日月五峰図、朝鮮、55.3×150.5㎝

端宗と端宗妃の御宝、
朝鮮17世紀末、高さ6.9㎝

余が許す

王の印章は国の大事を決定する証票です。大きくは公務に使われる国璽があり、小さくは私的な用途や儀礼の目的でつくられた御宝に区分されます。

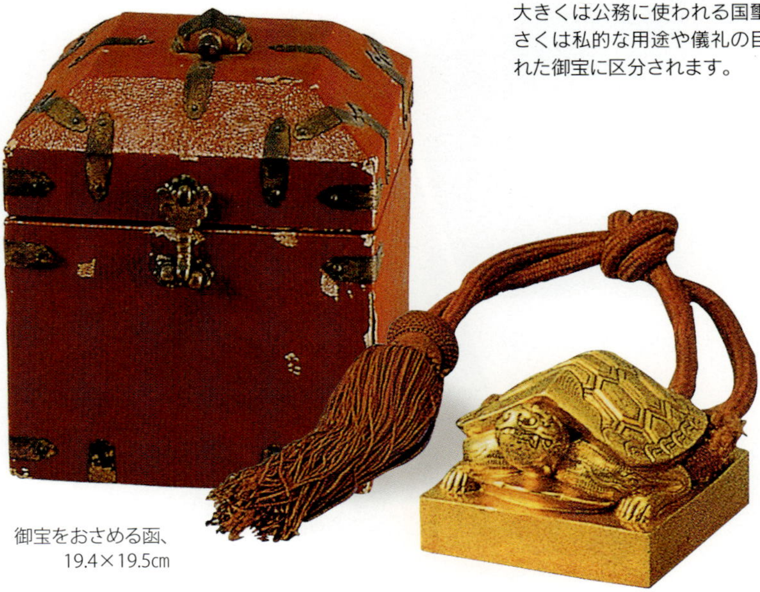

御宝をおさめる函、
19.4×19.5㎝

玉座、
朝鮮、高さ100㎝

龍は王である

王の品じなには龍の姿が描かれています。昔から龍は神聖な動物と考えられました。
王の着る服は龍袍、王の座る椅子は龍床と言い、その顔は龍顔と言いました。

英親王妃の翟衣、
20世紀初、長さ151㎝

それぞれ異なる龍の文様

王の龍の文様は天の雲の中にあり、王妃の龍の文様は地の水の流れの中にあります。また王の龍は５つ爪がついており、王子のものは４つ爪で描かれています。よく似たように見えるが、それぞれ微妙な違いがあります。そして龍文補（王の服につける紋章）の24の縁取りは二十四節気を表しています。

龍文補、
直径21㎝

明安公主（王女）の大小の胎壺、
朝鮮1670年、高さ34.9㎝（左）

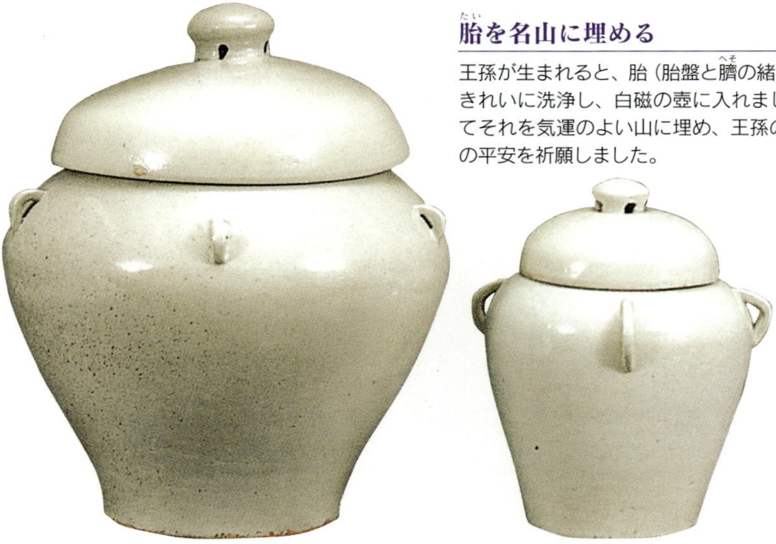

胎《たい》を名山に埋める

王孫が生まれると、胎（胎盤と臍《へそ》の緒の総称）をきれいに洗浄し、白磁の壺に入れました。そしてそれを気運のよい山に埋め、王孫の健康と国の平安を祈願しました。

社会経済

朝鮮人として生きるということ

朝鮮は身分制社会でした。大きくは良民と奴婢に分けられ、良民はさらに両班と常民に分けられました。常民（一般良民）はほとんど農民だったが、商人もいました。だが商人は、生産をしないで利益を得るといって蔑まれました。

奴婢は主人に付属する者として扱われました。朝鮮後期になると、金をたくさん儲けた商人が没落した両班たちの族譜《チョッポ》（家系本）を買い入れ、にわか両班になりました。

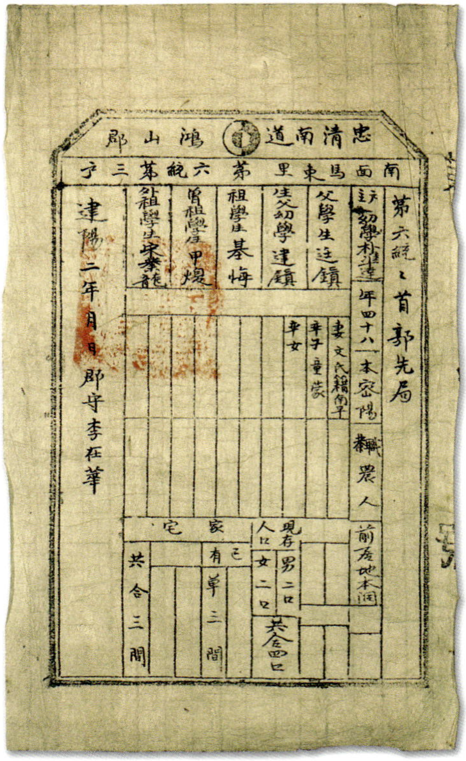
忠清南道　鴻山郡
南面馬東里第六統第三戶

家族の「戸籍」、
朝鮮1897年、35.3×20.8㎝

男性中心の族譜

家内の歴史を記した文書を族譜と言います。族譜は男性中心で記録されました。朝鮮後期の族譜には娘の代わりに婿の氏名を記載したり、夫人の代わりに夫人の実家の家門や氏名を記録しているものもあります。

世の中を表した貨幣

縁は丸く、その中に四角い穴があけられている貨幣は「天は丸く、地は四角」であるという思想が込められています。常平通宝は朝鮮時代中期につくられたが、後期になって初めて広く使われました。

常平通宝、朝鮮中期、直径2.6㎝

朝鮮通宝、
朝鮮前期、直径2.3㎝

鈴なりの鍵束

両班たちは広い土地を持ち、奴婢を使って農業を行いました。土地が多いほど、倉がたくさん必要でした。錠牌（いわばキーホルダー）にかかる倉の鍵の数は、その家の富を象徴しました。

双龍の形をした鍵牌、
朝鮮後期、
19.7×13.2㎝

暗行御史《アメンオサ》の出頭

馬牌に描かれている馬の数は、官吏たちが地方へ出張に行くとき、駅で乗り換えることのできる頭数を表しています。
いわば今の乗車券のようなものです。暗行御史とは、幕府の公儀隠密に相当し、彼らは常に馬牌を持っていました。それは暗行御史の象徴でもありました。

馬牌、
朝鮮後期、
直径約10㎝

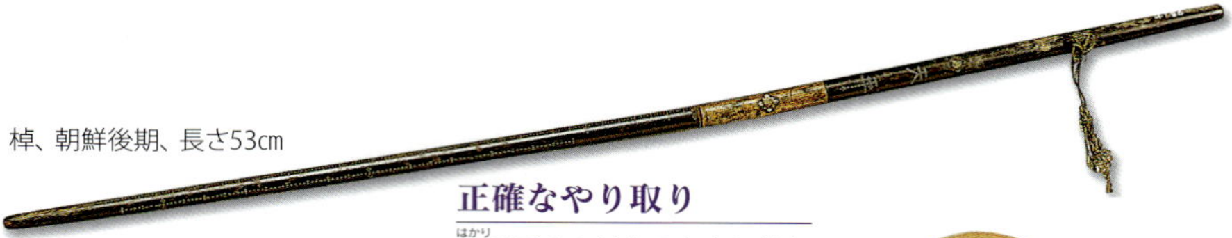

棹、朝鮮後期、長さ53㎝

正確なやり取り

秤《はかり》は重さをはかるときに使われます。それには重さを示すおもりが必要でした。商取引が活発になる朝鮮後期には秤と尺、量の基準（度量衡）を統一し、混乱を防ぎました。

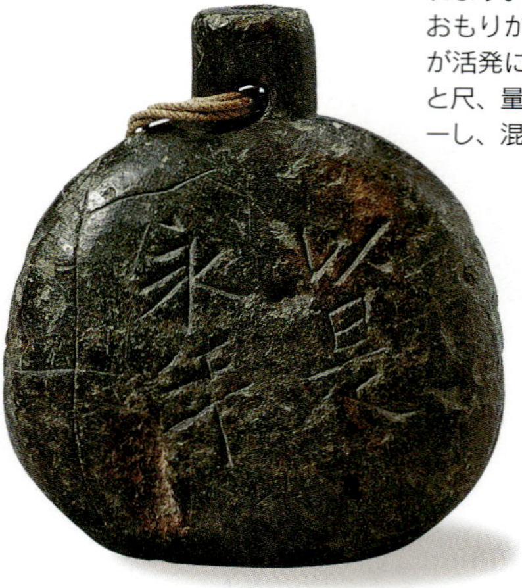

分銅、朝鮮後期、高さ7.3㎝

号牌、
朝鮮1784年、11.1×4㎝

朝鮮時代の住民登録書

号牌は朝鮮時代のいわば住民証です。名前、生年月日と官職名が刻まれています。官職や身分によって材質が異なり、16歳以上の男子にだけ与えられました。それゆえ、当時は名前もない女性が大勢いました。

伝統思想

宗教が違っても願いは一つ

韓国の伝統思想は固有の民間信仰を基礎にし、仏教と儒教、道教などが互いに絡み合いながら築かれました。そうして、韓国だけの宗教世界を形づくっていったのです。寺に行けばお釈迦様にお辞儀をし、祠堂（儒教で先祖を祭るほこら）に行けば先祖に頭を下げます。また、山神にお辞儀することもあります。人びとはお辞儀して自分の福を祈りますが、同時にすべての人の福も祈りました。

浮屠（釈迦）を見てお辞儀する

儒教を重視し、仏教を抑圧した朝鮮時代の王室でも、お釈迦様を信じ、寺社にたくさんの寄進をしました。この殿牌は粛宗《スクチョン》（在位1674～1720）が王世子（王子）の健康と長寿を願って仏壇に置いたものです。

殿牌、
朝鮮18世紀、
高さ86cm

星座の祭祀で使った皿、
高麗後期、
高さ3cm

道教と民間信仰の結合

高麗時代、道教の祭祀に使われた皿です。道教は黄帝や老子を祭る中国の宗教でした。韓国に入ってきた道教は民間信仰に多くの影響を与えました。高麗時代に発展しましたが、朝鮮中期に入り、儒学者たちの主張によって道教の儀式が廃止されると、その地位を失いました。

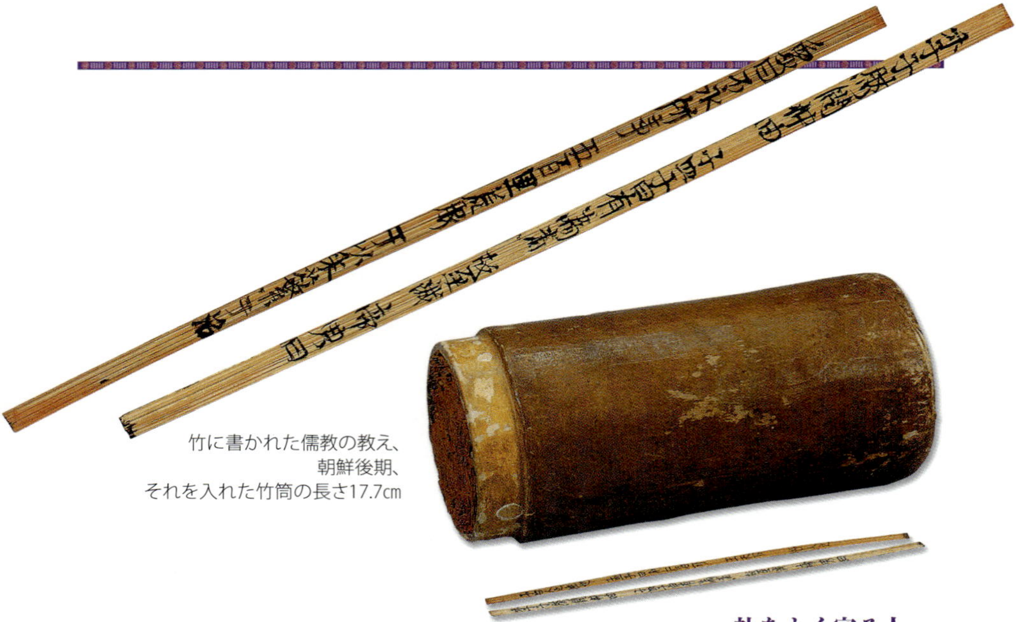

竹に書かれた儒教の教え、
朝鮮後期、
それを入れた竹筒の長さ17.7㎝

礼をよく守る人

朝鮮時代には道徳と礼を重視する儒教が盛んでした。王も臣下たちと一緒に儒教の経典を読み、ほとんどすべての郷校《ヒャンギョ》（地方の教育機関）や書《ソ》院《ウォン》（高名な儒者を祭る所で、学問所にもなっていた）で儒学を教えました。科挙の試験では、儒教の知識を備えた人びとを選びました。人びとは竹に儒教の教えを書きつけ、身につけて学びました。

明斗（シャーマンの使う小道具の一つ）、
朝鮮後期、直径26.8㎝

山神図、
朝鮮後期、
71.5×50㎝

霊魂は万物に宿る

韓国の人びとは仏教、道教、儒教が伝えられるずっと以前から太陽や月、星、山、岩、木、獣などにまで神霊が宿っていると信じていました。いわゆる「アミニズム」です。生活の中でこうしたものを祭ったので、自ずから自然を保護する心が芽生えました。現在もなお、山や木、太陽、月に祈る巫俗信仰（民間信仰）が根強くあります。

対外交流

大陸の道と海の道を往来

韓国は大陸の道と海の道を利用し、隣国と文物をやり取りしながら発展しました。他国と出会えば、戦いが生じるときもありましたが、進んだ文物を受け入れ、これを発展させて他の国へ伝えたりしました。中国と日本を出入りし、それらの文物を学び、橋渡しをする人を「使節」と呼びます。明からは絹織物、磁器、薬剤、書籍などを受け入れ、日本には書籍、仏像、経典などを送り、金銀や薬剤、香炉などを受け入れました。

航海する船が描かれた鏡、
高麗、直径17㎝

鏡の中の中国と高麗

この鏡の上の部分は「煌丕昌天」という文字が刻まれています。この４文字は明るく輝き、盛んな天を意味します。碇を上げて力強く航海する船が描かれています。

淀川を遡る和船（川御座船、部分）、
日本の江戸時代、
59×152.4㎝

日本に行った通信使

朝鮮の王様が下した外交文書を持って淀川を遡る和船の絵です。朝鮮と日本は壬辰倭乱（文禄・慶長の役を含めて言う）という大きな戦役のせいで往来が途絶えたが、日本（対馬宗氏）の要請があり、朝鮮が再び通信使を送りました。

船に乗って明へ

中国の明に行くときも、陸路ばかりでなく、船も用いました。海路を選択したのはいろいろなものを乗せ、一度に多くの人と物を運べたからです。

航海朝天図、朝鮮1624年、41×68㎝

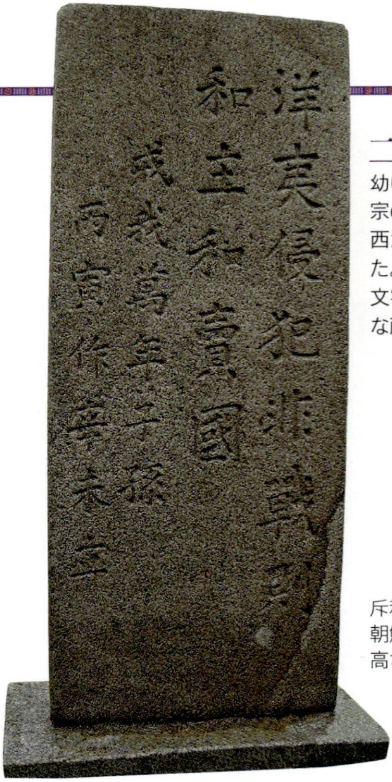

一切交流しないこと

幼い高《コ》宗《ジョン》（在位1863～1907）が王位に就いたとき、高宗の実父・興宣大院君は摂政となって政治を行いながら、西洋諸国と通商をしないという「鎖国政策」を行いました。この碑石には西洋諸国と交流してはいけないという文字が刻まれています。こうした碑石を朝鮮全土の主要な所に建て、外国の勢力を押し返そうとしました。

斥和碑、
朝鮮1871年、
高さ約163㎝

やり取りする外交文書

朝鮮は中国皇帝に外交文書を送り、発達した文物を伝えてくれるよう求めました。もちろん、この文書とともに、中国が必要とするものを送りました。外交とは、やり取りすることでお互いが助けになるときにいっそう意味をもちます。

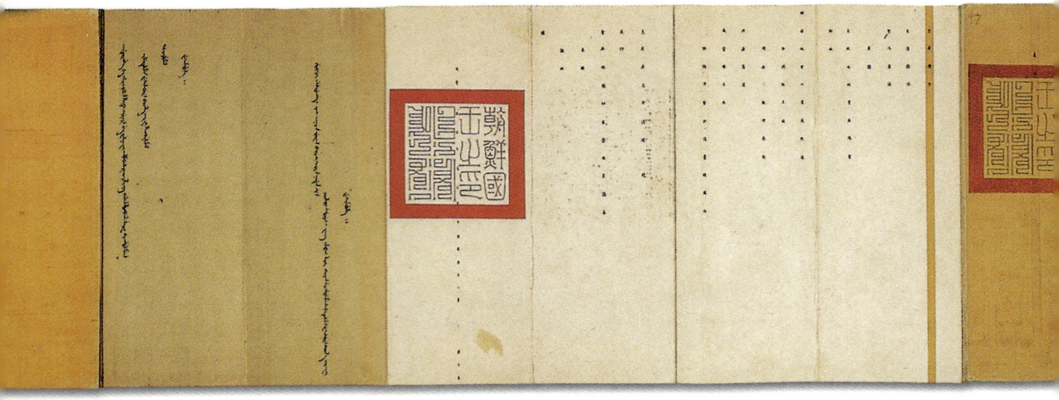

外交文書、
朝鮮1827年、
32×12cm

美術

韓国の絵画、工芸の美

中央博物館では、芸術的な書道、山水画や風俗画などの絵画、
朝鮮王朝時代までの仏教絵画と彫刻、
精巧な金属工芸など、韓国伝統美術の美しさを体験できます。
野外に展示されている石造美術や、
国宝として有名な「敬天寺十層石塔」もお忘れなく。

書道

芸術となった文字

文字も芸術になるでしょうか。

書では文字にこめられた意味も重要ですが、その形もまた十分に芸術になります。書道は書（筆致）にこめられた美しさを見出す芸術です。昔の人は書で自分の人格と精神を表現しました。手本となる書体から学びながらも、自分だけの独特な書体（筆致）を完成していきました。書体の名前はその形や、新しい書体をつくった人の名前をつけました。

円みのある滑らかな書体

元の趙孟頫（1254～1322）の書体（松雪体）は高麗時代に導入され、朝鮮前期まで韓国の書道に多くの影響を与えました。

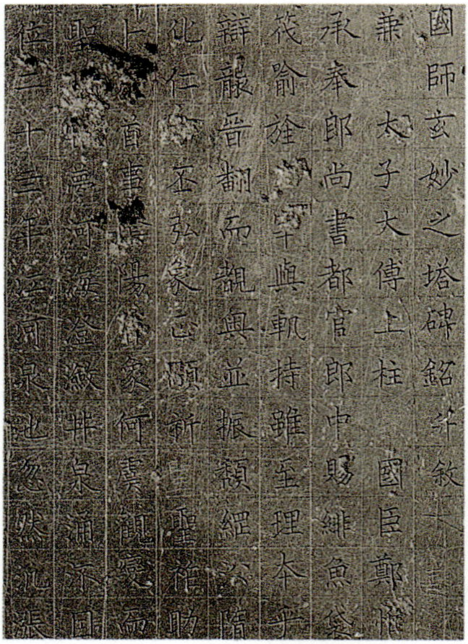

法泉寺智光国師碑、高麗1085年、高さ297㎝、国宝59号

一字一字正確な文字

欧陽詢体は中国唐代の欧陽詢（557～641）の書体です。簡潔で力強く、また鋭さを感じさせます。欧陽詢体は統一新羅を経て高麗時代にも流行しました。

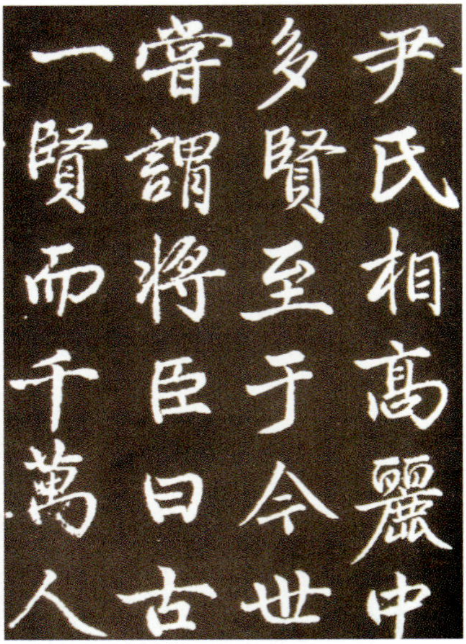

姜《カン》希《ヒ》顔《アン》「尹倪墓碑」拓本、朝鮮1453年

踊るように翻る書体

秋史・金正《キムジョン》喜《ヒ》（1756～1856）の独特の書体です。一画一画がまるで踊っているようです。秋史体は当時中国でも流行しました。現在もなお、中国や日本でも高い評価を受けています。

黄草嶺新羅真興王巡狩碑
碑閣扁額搨本（拓本の類）、
朝鮮19世紀

書道好きの王

これは朝鮮時代の正祖《チョンジョ》（1776～1800）の筆致です。芸術に関心の高かった王らしく、筆致からも節度や気品がうかがわれますね。王が臣下に下賜した書なので、紙まで立派です。

朝鮮の書体、韓石峰《ハンソクポン》

韓石峰は独自の筆法を完成し、独創的な書体を創り上げました。宣祖《ソンジョ》（1567～1608）は韓石峰に「千字文」を新たに書かせ、韓石峰体を広く普及させました。

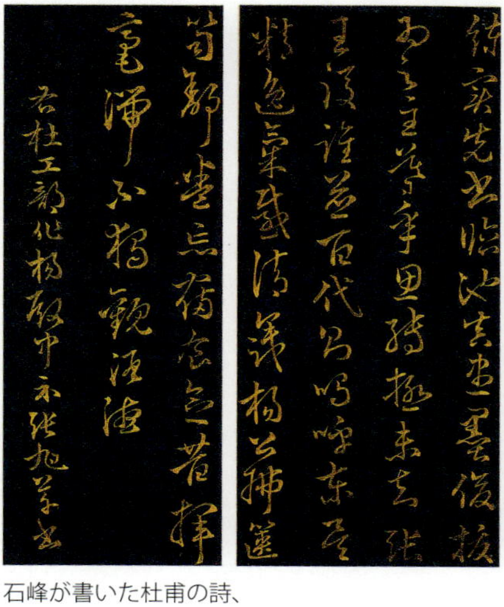

石峰が書いた杜甫の詩、
朝鮮16世紀、26.2×16.5㎝

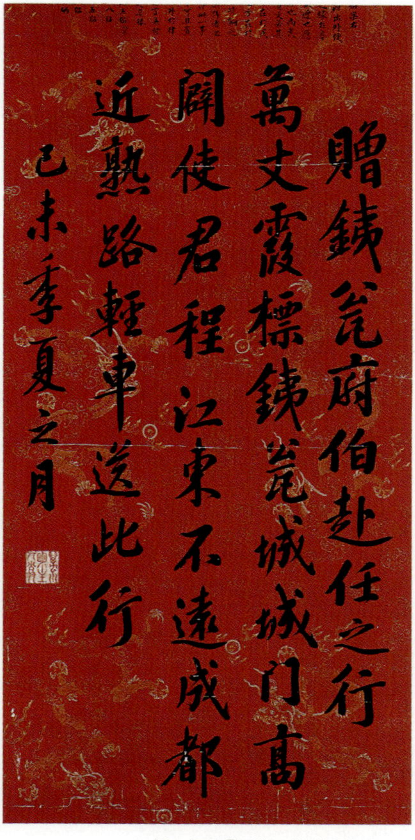

正祖の揮毫「任地に赴く鋏翁使に」、
朝鮮1799年、201.8×73.3㎝

絵画

君子に代わる絵

三国時代の絵は古墳の壁画が、高麗時代の絵は仏画がたくさん残っています。そして朝鮮時代には多様な画風の絵が残っています。絵を担当した専門の画家たちは図画署で国が必要としたり、重要なことを記録する絵を描きました。貴族や文人は概ね四君子（梅菊蘭竹のこと）をテーマにした文人画を競って描きました。

四君子の精神を求めて

四君子は士大夫のソンビを象徴しています。竹と梅は画家ばかりでなく、文人が好んで描く対象でした。

竹絵図、李《イ》霆《ジョン》、朝鮮、119.1×57.3㎝

水と親しむ

水は高い所から低い所へと流れます。どんな所からも滑らかに流れ、とどまるところを知りません。しかも器の大きさに合うように、その形を変えます。いわば腹ばいになっているソンビの姿勢が水と一つになっているようでしょう。

山のように雲のように

この絵には、自然と調和して生きたいという人びとが夢見た理想郷がこめられています。実際の風景を見て描いたものではなく、自分が理想とした桃源境の世界を描いたものです。

水の流れを眺めるソンビ、
姜希顔《カンヒアン》、朝鮮15世紀、23.4×15.7㎝

果てしない山河、李寅文《イインムン》、
朝鮮18世紀、43.8×856㎝

暮らしぶりを描く

人びとの生活の様子を描いたものを風俗画と言います。ソンビたちが描いた文人画が世の中を遠くから眺めたとすれば、風俗画は世の中を近くから見て描いたものと言えます。画家によっては風俗画で社会の間違った点を見せようとし、人びとの願いをこめて描きました。絵の中から人びとの暮らしぶりをうかがうことができます。

相撲、金弘道『風俗図帖』から、
朝鮮18世紀、
27×22.7㎝、宝物527号

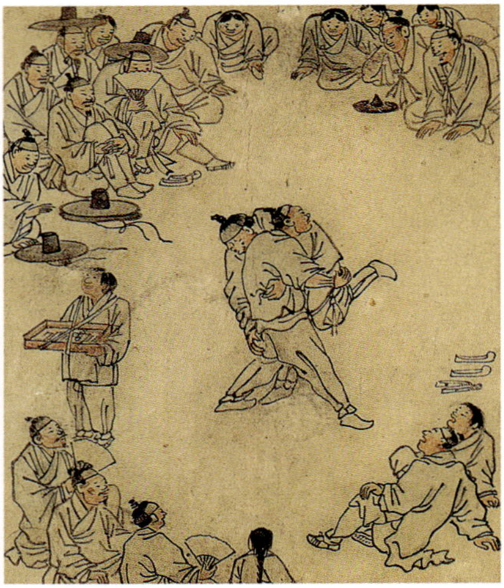

暮らしぶりのまま

檀園《タノン》・金弘道《キムホンド》（1745～?）は山水画、人物画など多方面で優れていましたが、とくに庶民の生活を描いた風俗画をたくさん残しました。野良仕事をしたり、相撲をとったり、瓦を葺いたり、商売をするなど、人びとの暮らしぶりを軽妙な筆づかいで描きました。人物はどれも異なる表情をしています。

瓦を上げる、
『風俗図帖』から

蓮池の側の女、『女俗図帖』、申潤福、
朝鮮18世紀末、29.6×31.4㎝

ひと夏をすがすがしく

蓮の花が咲いているのを見ると、蒸し暑い夏の頃のようです。
沐浴する女、ぶらんこに乗る女たちなど、蕙園《ヘウォン》・申潤福《シンユンボク》（1758～？）は自然で美しい女たちをたくさん描きました。

猫と雀、卞相璧《ピョンサンビョク》、93.7×42.9㎝

猫と雀

猫が上って来るのに雀はものともせず木の枝に座っています。猫は80歳の長寿の老人を、雀はその息子を意味し、民俗画の素材としてしばしば登場します。

書架絵（部分）、朝鮮19世紀、198.8×39.3㎝（1幅）

書を読み、花を愛でる

「書架絵」は朝鮮後期、中人（両班と常民の中間階級）の間で流行しました。舎廊房（主人の居間兼書斎）に飾る屏風の絵です。本当の本や花瓶、花、時計などの調度品をどれも揃えるのは大変なので、絵だけでも満足したのでしょう。

仏教絵画

最もすばらしく美しい仏

仏像は仏や菩薩一人だけを表しますが、仏画は仏の説法を聞く多くの人びとの姿も一緒に描いています。仏画は仏像の後ろに掛ける絵です。そこには仏や菩薩や、仏法を守る神将、悟りを得て衆生（人びと）の願いを聞き届けてくれる羅漢なども描かれています。そうかと思えば、徳の高い僧侶を描いた肖像画もあります。こうした絵の色彩は華麗でありながらも温和で、質素で、単純に表現されて描かれています。

甘露幀画（仏画）の一部、
朝鮮18世紀半ば、
200.7×193㎝

甘露を飲む

地獄で苦痛を嘗める衆生を救うために、食べ物を供える儀式を描いた仏画を甘露図と言います。この絵は、その中でも地獄を表現した部分です。地獄は罪をたくさん犯した人が死んで苦しみ苛まれる世界の一つです。

迦如来掛仏幀（仏画の一種）、
朝鮮1767年、宝物1350号

野外にかける仏画、掛け仏

野外で法会をするとき、仏の像を置く（奉安）のは難しいでしょう。その代わりとしてつくられたのが掛け仏です。これは年に1、2度、野外法会をするときに掛けられました。遠くからでもよく見えるように縮尺を合わせて描かれています。幀画（仏画）とはまた違う荘厳な雰囲気がうかがえます。

悟りの近道、仏の説法

仏像の後ろに掛ける幀画です。釈迦牟尼（釈迦）が悟った後、涅槃（入滅）に入るときまでを説法した場面の絵です。釈迦牟尼の周りに菩薩と弟子たちが守るように立っています。

靈鷲山で説教する釈迦、
朝鮮1742年、364×242.2㎝

仏法を守る神々、
朝鮮1765年、77.3×68.8㎝

その他の神々

仏法を守る守護神は、仏や菩薩よりも低い地位にあります。天の神、兜をつけた神、龍王たちが集まっています。

仏教彫刻

悟った人が仏

仏とは悟った人のことを言います。釈迦ばかりでなく、それ以前でも以後でも、悟った人はすべて仏と言います。悟りの境地に達したときの最も美しい姿を仏像として表現しました。多くは金銅でつくられていますが、これは変わらない真理を表すためです。仏は普通の人とは違った姿で表されます。眉間に毛が生えていたり、また白い眉毛のものもあり、髪の毛は縮れたらせん状になっていることもあります。

半跏思惟像、
新羅6世紀、高さ83.2㎝、
国宝78号

何を考えているのでしょう

考えにふけっている仏像を「半跏思惟像」と言います。深い思惟は何を思い、何処にまで行っているのでしょうか。

半跏思惟像、
新羅7世紀、高さ93㎝、
国宝83号

永遠の微笑《ほほえみ》

この仏像は日本の広隆寺の半跏思惟像とよく似ています。新羅が日本に伝えたと言われています。アルカイック・スマイルと呼ばれる永遠の微笑はモナリザにも似ており、誰もが魅了されます。

最も長い間立っている仏

韓国に残っている仏像で、最も古いのは高句麗の金銅如来像です。この仏像の背には「千の仏像のうち、二十九番目」と刻まれています。高句麗が平壌に遷都した後、東寺という寺の信徒が心を一つにしてつくった1000の仏像のうち、29番目という意味です。

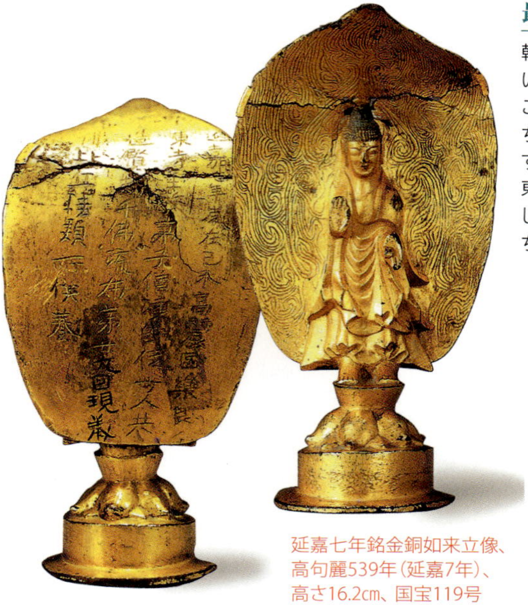

延嘉七年銘金銅如来立像、
高句麗539年（延嘉7年）、
高さ16.2㎝、国宝119号

観音菩薩、
高麗後期14世紀、
高さ38.5㎝

慈悲の観世音菩薩

観音菩薩は仏の慈悲の心を表しています。「観世音」には衆生の苦しみの声を聞いて救うという意味がこめられています。困難にぶち当たったとき、「観世音菩薩」とだけ唱えれば、苦しみをなくしてくれると言われています。

緑釉四天王像塼とその復元図、
統一新羅619年頃、
52×53㎝

四方を守る守護神

大きな目を怒らせ、刀を手にし、足元にはなす術もない悪鬼たちを踏みつけています。山門に入るやいなや、恐ろしげににらみつける四天王像は、四方を守る仏法の守護神です。悪鬼たちを退ける役目を担っています。

毘盧遮那仏

毘盧遮那仏は真理の光で世の中を照らす仏です。左手の人さし指を右手で包む智拳印の形をとっています。

毘盧遮那仏、
統一新羅9世紀、高さ290㎝

木漆工芸

室内に漂う木の香り

部屋に漂っている木の香り。朝鮮時代の木でつくった家具には装飾がほとんどありません。とても素朴で簡潔です。白衣を好んで着た韓国人の先祖のようです。逆に螺鈿漆器や華角のようにさまざまな色や斑点の縞がにぎにぎしくきらめく華麗な工芸品もあります。主に女性たちが使う家具は華やかに飾りつけ、ソンビたちの使う家具は簡素でありながらも、木目を生かしています。
木でつくった家具はオンドル部屋で使われたので、反れたり歪んだりしないように枘《ほぞ》と枘穴で組み合わせてつくっています。
木の調度品は、面を巧みに生かし、整然たるたたずまいを形づくっています。

四層四方卓子、朝鮮19世紀、高さ149.5㎝

ご先祖とまみえる

祠堂は亡くなった先祖の魂を安置する所です。家具としての祠堂は、概ね赤と黒の漆で装飾されています。
龕室《がんしつ》は祠堂の中で霊牌を安置する容器、厨子のことです。

龕室、
朝鮮18～19世紀、
高さ60.8㎝

簡素な舎廊房《サランバン》の家具

舎廊房は書斎や客間として使われる両班（ソンビ）の部屋です。それで、舎廊房の家具はその家の主人の趣味と品格の象徴となりました。
格調が高く、簡素な家具を好んだようです。

螺鈿漆葡萄文書類函、朝鮮18世紀、高さ7.6㎝

螺鈿漆器

女性たちが暮らす空間であるアンパン（奥座敷）は華麗な螺鈿や華角で装飾されています。螺鈿漆器はアワビやアコヤガイ、サザエの内側の殻を剥がして木に文様を刻み、それらを象嵌して漆を塗ったものです。

牛の角を組み合わせる

華角家具は牛の角を薄く剥いだ後、文様を描いて木の箱子《サンジャ》（長持の類）に象嵌をしてつくりました。もともとは鼈甲などを使いましたが、材料を求めるのが難しくなり、後に牛の角にとって代わりました。
十長生（太陽、山、水、石、雲、松、不老草、亀、鶴、鹿）、木蘭、魚など、富貴と長寿を象徴する文様を主に描きました。

動物の足をした小盤

台所の家具は食べ物を保管する饌蔵《チャンチャン》（韓国の水屋）と穀物を貯蔵する櫃《ひつ》、食べ物を運ぶときや膳として使う小盤（膳）などがあります。小盤は足の形によって虎の足の形をしていれば虎足盤（ホジョクパン）、犬の足に似ていれば犬足小盤（ケダリソバン）と呼びました。

虎足盤、
朝鮮19世紀、
直径44㎝、高さ29㎝

華角函、
朝鮮19世紀末～20世紀初、
高さ24.3㎝

金属工芸

変わりなく輝く美しさ

金属工芸は金、銀、銅、鉄などの金属が持つ特徴を生かしてつくった工芸品です。人びとは古来から金を好んできました。それは、希少で、変わることなく輝くからです。朝鮮後期には庶民たちも金属工芸品を使いましたが、現在残っているのはほとんどが王室や寺院で使っていたものです。

貴い舎利を大切に納める

悟った人の亡骸を火葬すれば、玉のような舎利が出てくると言われています。そうして出てきた舎利を函に納め、大切に保管しました。四方に四天王が施された舎利函（右頁左下）に、舎利器を入れて石塔に納めました。これは1996年に東塔を解体した時に発見されました。

感恩寺趾東塔舎利一式、
統一新羅682年頃、
高さ18.8㎝（舎利器）、
28.1㎝（舎利函）、
宝物1359号

栄楽簪《かんざし》、朝鮮、30cm

鳳凰装飾簪、高麗、27.8cm

絶世の美しさ

簪《かんざし》はほどけた髪を束ねて固定するものです。龍と鳳凰などを装飾し、束ねたところを美しく見せるようにしました。

錫杖頭部の装飾、高麗12〜13世紀、高さ22cm

杖にも仏像が

僧侶の杖にはめる飾りです。蓮の花の上に観音菩薩が立っており、その外側の縁取りはまるで蓮華のようであり、さらに杖の一番上には塔が立っています。

仰いで捧げる

生活で用いた金盞《せん》（金杯）とその受け皿です。華麗で精巧な形で、盞を与える人と受け取る人の両者が互いに喜び合いました。

銀製鍍金盞、高麗12世紀、高さ12.3㎝

明るく香しく

小さい円筒の中に香料を入れて服の裾などに紐でつるして使いました。悪臭をなくし、気持ちをよくすると考えたのでしょう。

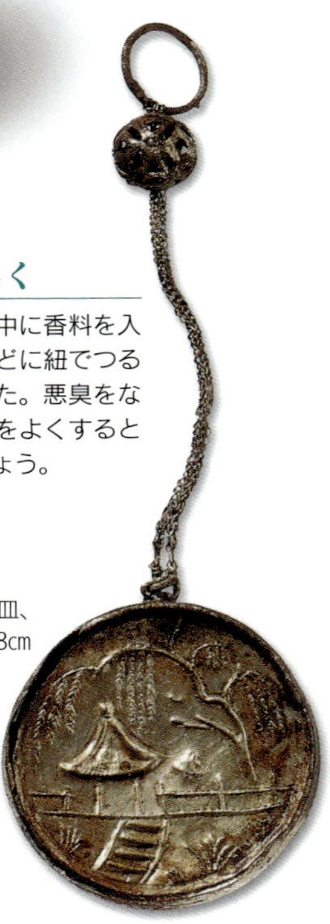

香り皿、
高麗、直径6.8㎝

チリンチリンと鳴る耳かき

耳かきとは言うまでもなく、耳あかをとる道具です。鈴2つと蝶の装飾がかかっており、髪にさす装飾品としても使われました。

耳搔、
高麗、長さ6.1㎝

陶磁工芸

高麗青磁の品格

青磁がつくられ始めたのは、9世紀末から10世紀初めにかけてです。統一新羅の硬い土器製作の技術を基礎にして高麗青磁がつくられるようになりました。一方で中国磁器を輸入しながら、技術をさらに発展させました。文様のない純青磁から始まり、象嵌青磁が登場すると、文様が豊かになりました。しかし、13世紀からは元の侵略により青磁の質が悪くなりました。象嵌技法に代わって印章で型をつけた印画技法が登場すると、青磁は滅び、粉青沙器（日本で三島手という。青磁から白磁に移る間につくられ、色は青磁と白磁の中間で、文様は押印が多い）が登場します。

飛び上がる

頭は龍、体は魚の形をしています。永遠に枯渇することのない水の神、龍と海から跳ね上がろうとする魚の躍動感を表現しています。

青磁彫刻魚龍注子（水差しの類）、高麗12世紀、高さ24.3㎝、国宝61号

青磁獅子装飾香炉、
高麗12世紀、高さ21.2㎝、
国宝65号

火をつけて下さい

この香炉に火をつければ、獅子の香炉と麒麟の香炉がともに半ば開けた口から煙を吐き出します。青磁の香炉は獅子、龍、亀や麒麟など象徴性のある動物を主に選んでつくったものがたくさんあります。

青磁麒麟装飾香炉、
高麗12世紀、高さ20㎝、
国宝65号

青磁人形文注子、
高麗13世紀、高さ28㎝、
国宝167号

両手を合わせて

じっと目を閉じて両手で桃の形の瓶を抱き、恭しく水を注いでいます。本当に礼儀正しい形をした人形の水差しです。

青磁象嵌辰砂彩葡萄童子文注子と承盤、
高麗12世紀後半、
高さ36.1㎝

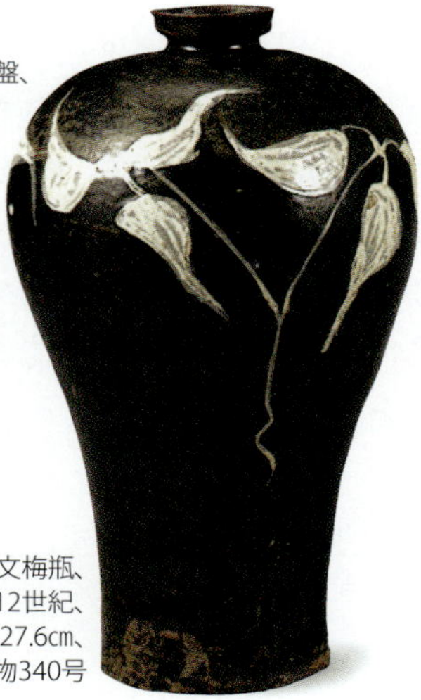

鉄彩白堆花蔘葉文梅瓶、
高麗12世紀、
高さ27.6㎝、
宝物340号

青色ではない磁器

高麗磁器は翡色を帯びた青磁ばかりではありません。白磁や褐色を帯びた鉄釉磁もあります。この梅瓶は全体に濃い鉄砂を塗りつけているので、黒光りしています。

青磁瓜形花瓶、
高麗12世紀、高さ22.7㎝、
国宝94号

葡萄のつるにぶら下がり

葡萄の房とつる、幼児を描いた文様などがいろいろな色で表現されています。蓋がなくならないように、水差しの把手と蓋に細工を施してます。

よく熟れたマクワウリのよう

マクワウリの形にひだのついたチマ（スカート）を身につけ、口はマクワウリの花が咲いたような形をしています。この瓶は、とても均衡のとれた美しさを見せてくれます。

朝鮮磁器の純粋性

青磁の碧《みどり》の光は昼の晴れわたった空を思わせ、白磁の白い光は晴れた夜の月の光のようです。白磁は朝鮮時代のソンビ（両班、士大夫）の精神をそっくり表しています。

粉青沙器は青い粉を塗って絵を描いたり、文様を押印してつくった陶磁器です。白磁が滑らかでありながら静とすれば、粉青沙器は活気のある動といえます。

平たさの美

まるでうつ伏せになっている亀のようなので、亀瓶（チャラ瓶《ピョン》。チャラはスッポンの意）と呼んでいます。旅行に行くとき、水や酒を入れ、紐でくくって腰にさげて持ち歩きます。

粉青沙器牡丹文鉄彩亀瓶、
朝鮮15世紀、直径24.1㎝

白磁満月壺、
朝鮮17世紀、高さ41㎝

丸く白い月

まん丸な月に似た白磁の壺は、月を愛でて月の光を友とし、詩を詠んだ朝鮮時代のソンビたちの純白さと余裕のある心持ちを感じさせます。

粉青沙器魚文酒器、
朝鮮15世紀、
高さ17.6㎝

酒を入れた器

このような水や酒、醤油などの液体を入れる器を「チャングン」と言います。躍動感のある魚と牡丹の文様が調和をなしています。

白磁紐文瓶、
朝鮮16世紀、高さ31.4㎝、
宝物1060号

紐を巻いて開いた口

細い首、ふくらんだ胴体は、均衡していて安定感があります。褐色の紐の模様が、白っぽい陶磁器を力強く巻き上げています。

端正な美しさ

真ん中には端雅な蓮華があり、周辺には牡丹の花が描かれています。蓮華と牡丹の葉の色が異なります。朝鮮時代の陶工たちの優れた技術をうかがうことができます。

粉青沙器牡丹花文平鉢、
朝鮮15世紀、
直径19.1㎝

粉青沙器龍文壺、
朝鮮15世紀、高さ48.5㎝、
国宝259号

梅花にこもる精神

朝鮮時代のソンビたちがとくに好む梅の花、竹、鳥が描かれています。朝鮮中期以降、青と褐色の顔料を一緒に使って白磁をつくりました。

白磁青葉梅花鳥竹文壺、
朝鮮15～16世紀、
高さ16.5㎝、国宝170号

面を分けて文様を入れる

朝鮮時代の粉青沙器は高麗青磁よりも模様がより大きく、数も多いようです。この壺の胴には龍の文様が大きく描かれており、上の部分は小さくて緻密な文様が捺されています。下の部分は蓮華が描かれており、安定感があります。

石造美術

天に向かう風

石でつくった彫刻品を石造美術と言います。とは言っても、石でできているからといって、すべてが石造美術品ではありません。その中で、美しさと意味がこめられているものだけが石造美術です。野外に展示された石塔などは、天に向かってそびえています。天に向かって、涼やかな風が石塔にみなぎっています。

石塔は墓

塔の語源は墓を指すストゥーパ（Stupa）に由来します。塔の中に浮屠（仏）の真身舎利（浮屠の報身、あるいは法身のことを言う）の舎利を入れているからです。南渓院七層石塔（元は開城にあったが、1915年に景福宮に移された）には舎利の他に銀粉で書かれた経典が見つかりました。

南渓院七層石塔、
高麗11世紀、高さ9.3㎝、
国宝100号

柔らかな石

蝋石で刻まれた仏像です。蝋石は石造美術に使われる石の中でも、柔らかで和みのある仏像のように精巧な彫刻をつくるときに使われます。

軍守里石造如来坐像、
三国時代、13.5㎝、
宝物329号

廉居和尚塔、
統一新羅844年、高さ1.7m、
国宝104号

火を照らす

大雄殿（本堂）の前に立つこの石灯は、浮屠（仏）の明るい智恵の光で世の中を広く照らすという意味をこめています。

高達寺双獅子石燈、
高麗、高さ3m、
宝物282号

僧侶の塔

浮屠の舎利を納めている塔を仏塔、高僧の舎利や遺骨を納めている塔を僧塔と言います。仏塔はいくつかの層を積み重ねますが、僧塔はそれにへりくだってふつう一層だけです。

華麗な僧塔

高麗の智光国師（984～1067）の僧塔です。統一新羅の時代の僧塔よりも高く、華やかです。蓮華、雲、晨星などの文様を刻み、さらに塔の一番上には蓮華をいただいています。それまでの塔とは異なる形をしています。

法泉寺智光国師玄妙塔、高麗1085年、高さ6.1m、国宝101号

真理の完成

敬天寺《キョンチョンサ》十層石塔は高麗の忠穆《チュンモク》王（在位1544～48）時代、敬天寺（京畿道開豊郡）に建てられた塔です。十層の十は完全なこと、すなわち十全を意味します。真理の世界がいかなるものかを見せるために、下の部分には仏教が伝えられる過程を、上の部分は仏教が発展していく過程を刻んでいると言われています。

敬天寺十層石塔、高麗1384年、高さ13.5m、国宝86号

相輪部

塔のてっぺんを相輪部と言います。もともと敬天寺十層石塔の相輪部には一斉に開いた蓮華の彫刻と多様な形の装飾が刻まれていました。しかし現在、韓国国立中央博物館にある敬天寺十層石塔は、8つの形の屋根だけを復元しています。

五～十層の塔身部

七層まで合計80以上の面にわたっていろいろな仏像が刻まれています。これらは朝鮮時代（李朝時代 1392～1910）の仏画研究にきわめて貴重な資料として使われています。

一～四層の塔身部

塔の数を数えるところを塔身部と言います。一層は韓国仏教の代表的な法会を表し、二層は仏教思想を代表する法会を表しています。三層の四面にはそれぞれ神秘的な密教の法会を刻んでいます。四層は現在、圓通会（すべてのことに漏れなく通じていること。浮屠や菩薩の悟りは普く行きわたり、その作用は自由自在なこと）の文字だけが残っています。

基壇部分

基壇には獅子と龍が仏法を支えており、仏教を伝えた玄奘（三蔵）法師の仏教伝来図が刻まれており、また一層にはこの塔がどのようにして建てられたかが刻まれています。

中央博物館内に鎮座する敬天寺十層石塔

アジアとの交流

アジア文化の共通性と多様性

中央博物館には、中央アジアから中国、日本など、
アジアの国ぐにの遺物も数多く展示されています。
各国の間では昔から様々な文物が行き来し、互いに影響を与えました。
遺物を見れば、どこが異なり、どこが似ているかよく分かります。

中央アジア

シルクロードを刺繍した文化遺産

中央アジアはユーラシア大陸の中央に位置しています。ユーラシアの国ぐにには中央アジアを通じて互いに往き来しました。太古の昔から、ここにはシルクロードと草原の道という交易路が通じていました。シルクロードが開かれ、その要所にあった国ぐにには宗教、美術などの影響を互いに受け合いながら発展しました。乾燥した気候のために、長い間陵墓の中にあった遺物は比較的よく保存されています。

創造神、伏羲女媧図、7世紀、189×79㎝

天地創造

中国のトルファンにあるアスタナ陵墓の玄室の天井画です。左手に曲尺を持つ男神は伏羲、右手にはさみを持つ女神は女媧です。
伏羲と女媧は天地創造の神です。太陽と月、星、そして2つの神は蛇のように絡まっている姿で万物の生成を表しています。

仏法を守る神

浮屠の顔の上に彩色が施されています。顔は白、髪の毛は黒、胸の渦巻き文様には緑色が残っています。

天婦の胸像、6～7世紀、高さ243㎝

鎮墓獣の頭部、
8～9世紀、
高さ22㎝

陵墓を守る想像の動物

鎮墓獣は、顔は人で、獣の体をしている想像上の動物です。頭には、折れているが一角の痕跡があり、首には毛が見られます。陵墓の前で墓守をしていました。

馬に乗った女

唐の初期、王宮の女たちは帽子をかぶって馬に乗るのが流行しました。この彫刻には、当時の世相の一面が表れています。

馬上の女、
7〜8世紀、高さ38.5㎝

高さ25.8㎝

木芯造塑人形、
7〜8世紀、高さ27.5㎝

主人を守る人形

木製の人形は2つとも主人の陵墓の棺の中から発見されました。主人の姿を描写したのかもしれませんが、死者のそばで守らせようと、棺の中に一緒に入れられたのでしょうか。

中国

陶磁器のふるさと

中国は世界四大文明の一つ、黄河文明の発祥の地です。中国の文化は韓国ばかりでなく、世界のいろいろな国に大きな影響を与えました。とくに、中国陶磁器は世界最高でした。唐三彩、宋と元、そして明と清の磁器など、時代の変化とともに中国の陶磁器は変わっていきました。陶磁器のことを英語で“china”と言いますが、この「チャイナ」こそ、中国の古代帝国の秦（チン）に由来します。それまでは陶磁器と言えば中国だったのです。

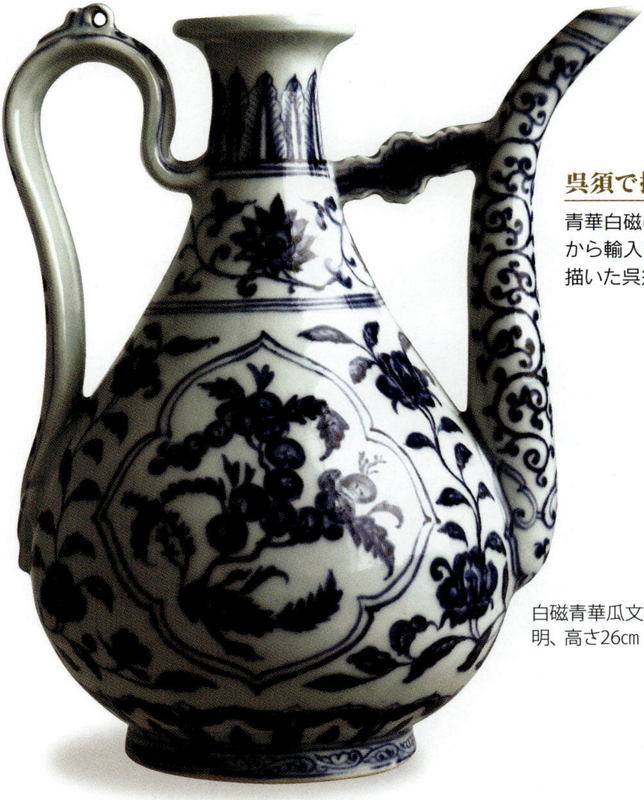

呉須で描いた文様

青華白磁の特徴は西アジアから輸入されたコバルトで描いた呉須の文様です。

白磁青華瓜文注子、明、高さ26㎝

雪中の花鳥、
明、156×77.5㎝

華やかな色彩の磁器

明以降は呉須の染めつけばかりではなく、多様な色を使って華やかに装飾しました。このような彩色磁器は、アジアばかりでなく、ヨーロッパでも大変もてはやされました。

粉彩鳳凰文大皿、
清、直径55.3㎝

雪中の花

中国では明代に入ると、陶磁器と同じく、絵画にも鮮やかな色を用いた技法が流行しました。部分的に彩色した赤い鳥が印象的です。

白磁獅子文枕、宋、高さ11.8㎝

硬い表情をした装飾の枕

高さ約12センチにもなる高く硬い磁器を枕にして、果たして安らかに眠れるでしょうか。

唐三彩馬、唐、高さ54.6㎝

色鮮やかな馬

いろいろな色に彩られた唐三彩馬です。シルクロードを通じて交流するとき、馬とラクダが主な交通手段だったために、それらの形をした磁器が多いのです。

楽浪

韓国の中の中国文化

楽浪は中国・漢が古朝鮮を亡ぼし、この地域を支配するために古朝鮮の旧版図に設置した四つの郡の一つです。楽浪郡は400年以上も朝鮮半島に占拠していました。初期の楽浪文化には古朝鮮の文化が色濃く残っており、一方でまた北方文化の影響も受けていました。その後、次第に韓国本来の文化と中国の文化が融合し、独特な楽浪文化がつくられました。

華麗な装身具

中国文化の影響を受け、最も著しい変化を見せたのは装身具です。金製のこの腰帯の装飾は、美しい文様に宝石まで象嵌しており、実に華麗です。

腰帯装飾、
楽浪1世紀、長さ9.4㎝、
国宝89号

竈型明器、
楽浪3世紀、高さ22.9㎝

死ぬときも一緒

この竈《かまど》型をした明器は陵墓の中に埋めた特製の器物です。昔の人びとは死んでも生前と同じように生きると信じていたため、土で竈をつくり、その形をした小さな土器も一緒につくって埋めました。

馬飾り、
楽浪BC1世紀、長さ13.3㎝（右上2つ）

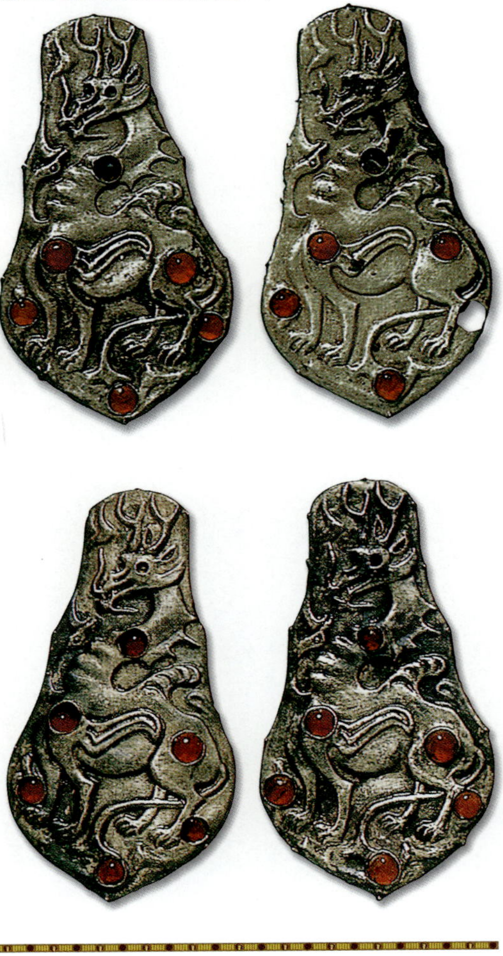

粋な馬の装飾

馬飾りは馬に付けるものです。それは富と権力の象徴でもありました。それには玉を象嵌したり、龍の文様を刻んでいました。

薄い甕

土器は他の遺物とは異なり、古朝鮮系統の形が引き続きつくられました。ときがたつとともに、韓国の南方の土器とは異なる、底が広く、全体に扁平な形をした土器（壺）が現れます。

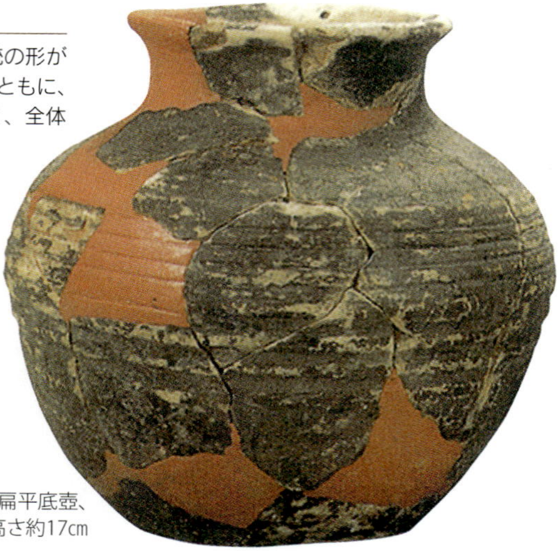

扁平底壺、
楽浪1世紀、高さ約17㎝

文字付き煉瓦、
楽浪3世紀前後、長さ28㎝

粋な煉瓦

2世紀中頃から楽浪では煉瓦で造った陵墓が流行しました。煉瓦に文様を入れて陵墓を装飾したのです。文字の文様以外にも、幾何学的な文様や動植物の文様があります。

海底遺物

珍しい遺物を積んだ宝船

1323年、元代の中国から日本に向かっていた貿易船が沈没しました。そして、その船は1975年、全羅南道新安《シナン》沖（新安郡に属し、木浦《モクポ》の近海）で発見されました。この船の中には元の陶磁器2万点以上、金属製品700点以上、銅銭28トンなど貴重な遺物が積まれていました。これらの遺物から当時の東アジアの人びとの暮らし振りの一端がわかります。

新安船の破片と復元図

新安船

発見された新安船の一部と新安船の復元図です。長さ34メートル、幅11メートルほどの大きな船だったとみられます。

青磁女人像燭台、高さ19.7㎝

蝋燭の火に輝く女

蝋燭をさす陶製の燭台です。蝋燭のしたたりが下にこぼれないようにするために、蓮華の花の形をした器が受けるようになっています。顔と首と手は釉薬を塗らず、実際の人間の肌の色を表現しています。

水牛に乗って遊ぶ子供

幼い子が水牛に乗っています。水牛の背と口に穴があり、そこに水を入れ、注ぐことができます。

白磁鉄磬文人物形水滴、高さ6.2〜6.7㎝

酒杯、元、高さ26.9㎝

酒の杯か花瓶か

この青銅の祭器は何に使っていたのでしょうか。祭事を執り行うときに使われた祭器の一つのようでもあり、酒の杯や花瓶として使われたようでもあります。現在では、酒杯として使われていたと考えられています。

青磁五管瓶、高さ11.4㎝

付き物がある瓶

管状の付き物が5つも出ている特異な形をした瓶です。何に使われていたのかはっきりしませんが、日本では花瓶や装飾品として使われていました。

茶道に使う道具、
元、水注し、高さ30cm

茶を飲む

茶を飲むときに、必要な道具の一式が発見されました。当時は、地位の高い人びとだけが茶をたしなむことができました。新安船には僧侶や身分の高い人びとが乗っていたか、彼らが必要とするものを運んでいたようです。

元の銅銭、
直径2.2〜4.2cm

日本がほしがった中国の銅銭

新安船からは28トンにも上るいろいろな種類の銅銭が見つかりました。当時、銅銭は中国が日本に輸出した主要な商品の一つでした。

日本

模倣と創造の美学

日本人は自分のものを守りながら、外来の文化を盛んに受け入れました。古代には韓国や中国など、東アジアの文化を積極的に受け入れました。近代に入ると、西洋文化を受容しながら、独自に自分たちのものを築いていきました。かつて飛鳥時代には仏教を受け入れて独創的な仏教文化をつくり上げ、江戸時代には朝鮮から陶磁器の技術を導入して新しい製作技術を駆使した陶磁器をつくり出し、ヨーロッパにまで輸出しました。

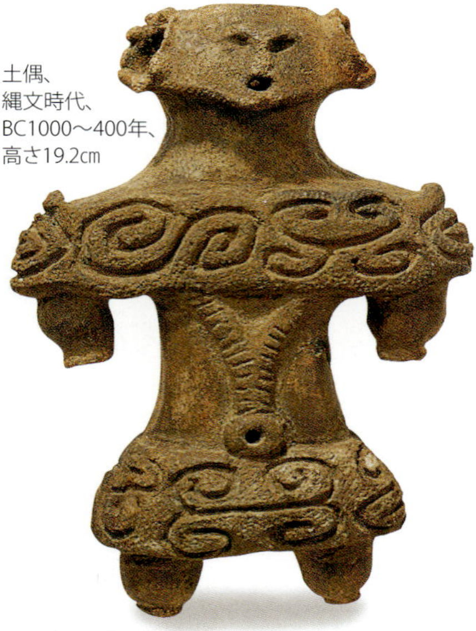

土偶、
縄文時代、
BC1000〜400年、
高さ19.2cm

土の人形

縄文時代につくられた土偶です。呪術の儀式に使われたものと推測されています。

水辺の水車、屏風、安土桃山時代、17世紀、156.7×382cm

動植物文盒子、
江戸時代17世紀、
直径32㎝

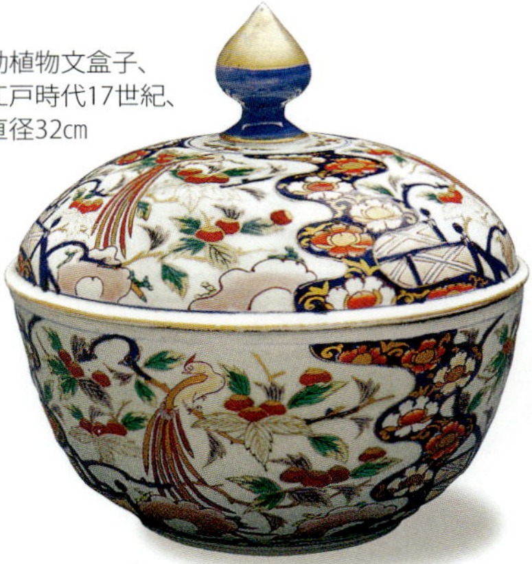

日本の磁器

日本で最も早く磁器を焼いたのは、壬辰倭乱（文禄・慶長の役）のとき日本に連行された朝鮮の陶工、李三平です。日本の磁器技術は朝鮮の影響を受け、江戸時代に急速に発展します。そして、伊万里焼は動植物の文様を施し、ヨーロッパで人気を博しました。

金でつくった紙

12幅に上る長い屏風絵です。この絵が描かれた安土桃山時代には、権力と富を持つ大名が登場し、勇壮で華麗な文化が花咲きしました。

漆器はすなわち日本

日本は、15～16世紀においてポルトガルやオランダに漆器を輸出し、ヨーロッパにまで広くその名をとどろかせました。英語で漆器を意味する“ジャパン（japan）”は言うまでもなく日本を意味します。

漆器酒瓶、室町時代15～16世紀、高さ32㎝

龍女、20世紀初

龍を操る女

龍女は龍を操る女人です。日本でも韓国と同じく、龍を神聖な動物と考えていました。

寄贈品

寄贈すればさらに価値が高まる

遺物の収集をする人の誰もが、広く多くの人びとと分かち合いたい気持ちを持っていると言います。韓国国立中央博物館には、多くの人びとが寄贈した貴重な遺物が展示されています。自分の子供のように大事にしていた遺物を寄贈し、自分のものではなく、みんなとともに愛そうという気持ちこそ、遺物の価値を高めます。

青銅頭具、
孫基禎寄贈、ギリシャBC6世紀、
高さ23㎝、宝物904号

マラソンの優勝者の頭具

孫基禎《ソンギジョン》選手は1936年、ベルリンオリンピックのマラソン競技で世界新記録に輝き、金メダルを獲得しました。主催国のドイツは孫基禎を讃え、ギリシャで発掘された青銅の頭具を進呈し、かぶせようとしましたが、実現しませんでした。この間ずっとベルリンのとある博物館に保管されていましたが、50年後にようやく本人に引き渡され、その後、本館に寄贈されました。

華麗な供養具

日本の金子和重は東アジアの伝統文化に対する理解と国家間の友好を促すことを望み、生涯集めた供養具（菩薩に食べ物や香、花、茶などを供えるときに使った器）を寄贈しました。ミャンマー（ビルマ）では仏に供えるとき、必ず黄金の器を使いました。

童子像、金宗学《キムジョンハク》寄贈、
朝鮮後期、高さ67㎝

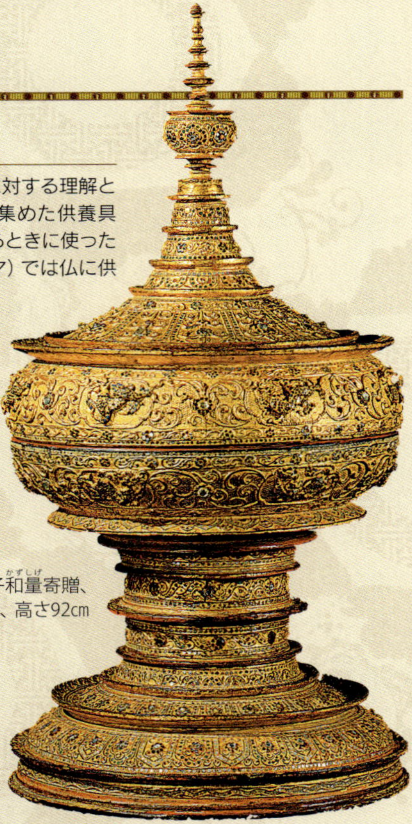

供養具、金子和量《かずしげ》寄贈、
ミャンマー19世紀、高さ92㎝

きちんと集める

金宗学は朝鮮時代の木漆工芸品を長い間集めました。そして、舎廊《サラン》房《バン》（主人の居間兼書斎、奥座敷）の調度品や家具、寺院の童子像、木製の人形、王室の万寿無疆《マンスムガン》（長寿）を祈願する殿牌（木札の一種）などを寄贈しました。

珍しい水滴

朴秉来《パクピョンネ》は青華白磁、粉青沙器（三島手）、白磁などを寄贈しました。いろいろな形をした水滴（すずりに水を入れる文房具）は舎廊房の飾り物にもなりました。

いろんな形の水滴、
朴秉来寄贈、
朝鮮18〜19世紀、
高さ25.2㎝（左）

単純な装飾の瓦

『むくげの花—韓日探古録』を著した日本人医師の井内功（1911～92）は、若い頃に統一新羅の動物の顔を描いた瓦の文様に興味を覚え、収集を始めました。蓮華文様の瓦は、実用的で装飾の少ない李朝時代の特徴をよく表しています。

蓮華文軒丸瓦、
井内功寄贈、
朝鮮、長さ15.3cm

三角形の軒丸瓦

柳《ユ》昌宗《チャンジョン》はアジアの国ぐにの瓦を集めて寄贈しました。蓮華の上に座っている菩薩が刻まれたカンボジアの軒丸瓦は東南アジアの特徴をよく表しています。

菩薩文三角軒丸瓦、
柳昌宗寄贈、
カンボジア、高さ17cm

遺物年表

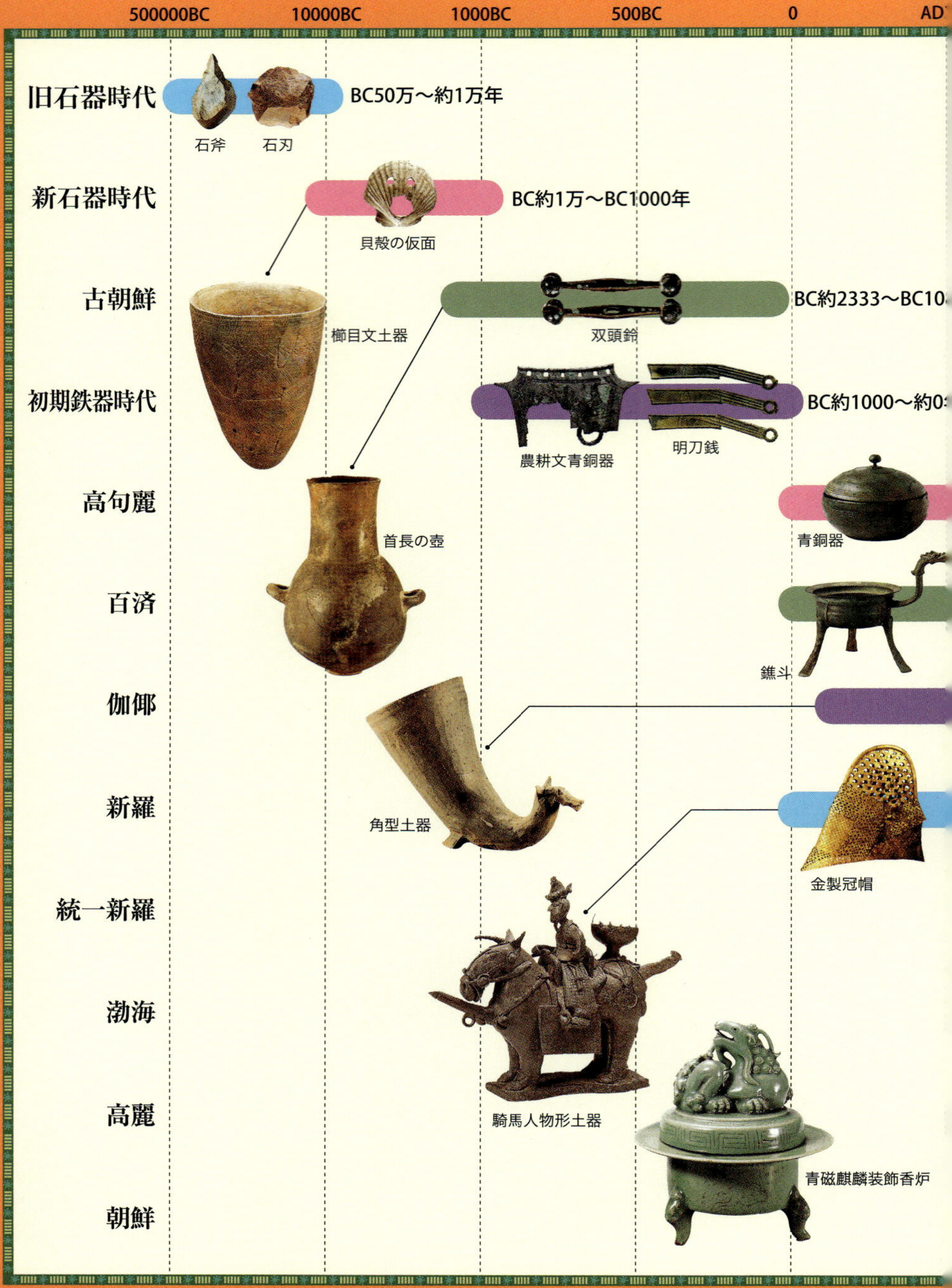

500000BC
10000BC
1000BC
500BC
0
AD
旧石器時代
BC50万～約1万年
石斧
石刃
新石器時代
BC約1万～BC1000年
貝殻の仮面
古朝鮮
櫛目文土器
双頭鈴
初期鉄器時代
農耕文青銅器
明刀銭
高句麗
首長の壺
青銅器
百済
鐎斗
伽耶
新羅
角型土器
金製冠帽
統一新羅
渤海
騎馬人物形土器
高麗
青磁麒麟装飾香炉
朝鮮

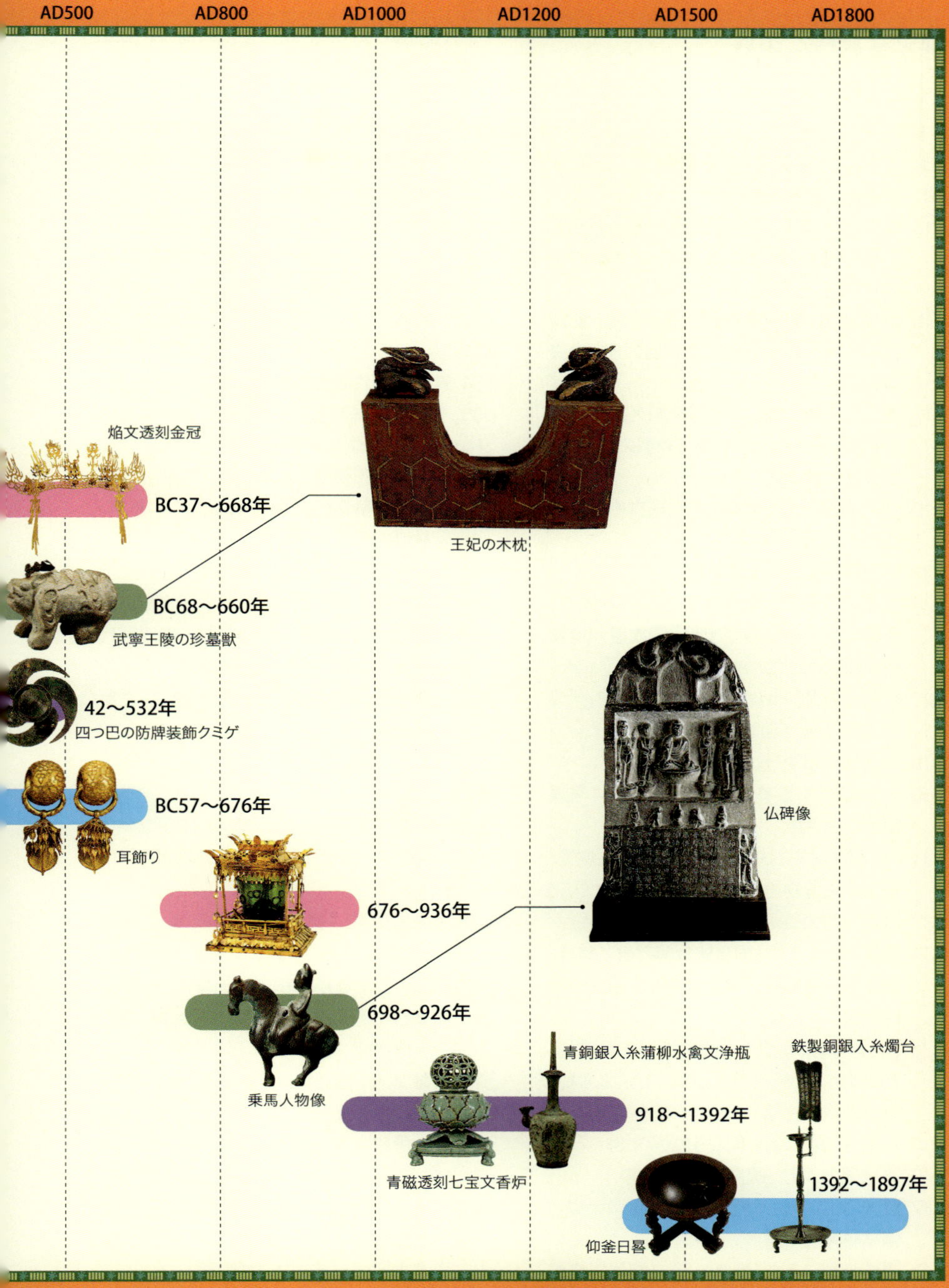
AD500
AD800
AD1000
AD1200
AD1500
AD1800
焔文透刻金冠
BC37〜668年
王妃の木枕
BC68〜660年
武寧王陵の珍墓獣
42〜532年
四つ巴の防牌装飾クミゲ
BC57〜676年
耳飾り
仏碑像
676〜936年
698〜926年
乗馬人物像
青銅銀入糸蒲柳水禽文浄瓶
鉄製銅銀入糸燭台
918〜1392年
青磁透刻七宝文香炉
1392〜1897年
仰釜日晷

■主な資料と出典

■歴史

p8、11　地図とイラスト、金敬珍
p9　石斧、国立中央博物館
p13　継ぎ目釣り針、国立春川博物館／石鋤と石鍬『朝鮮中央歴史博物館』（北朝鮮平壌）
p15　銅剣と銅矛、国立慶州博物館（慶博200812-160）／農耕文青銅器、国立中央博物館
p17　剣巴形銅器、国立扶余博物館／半月石刀と石鎌、国立中央博物館／鉄製の農耕具、国立扶余博物館
p19、20　青銅の鏡と青銅の鈴、国立中央博物館
p21　明刀銭、国立中央博物館
p24　水晶の耳飾り、東儀大学／玉の耳飾り、新羅大学／アヒル型土器、国立慶州博物館（慶博200812-160）
p27　枕脇の装飾、『朝鮮中央歴史博物館』／焰文透刻金冠、『朝鮮中央歴史博物館』
p29　徳興里古墳東壁、金虎泰
p30　玄武図、『平壌美術博物館』／長川1号墳壁画、金虎泰
p31、32　鴟尾、国立扶余博物館／山水文煉瓦、国立中央博物館
p33　百済金銅大香炉、国立中央博物館
p34　銀製の冠クミゲ、国立扶余博物館／鐎斗、国立中央博物館／羊形の青磁、国立中央博物館
p36、37　珍墓獣、国立中央博物館／冠装飾（王と王妃）、国立公州博物館／王妃の木枕、国立公州博物館
p38　金銅透刻鞍装具、国立中央博物館
p40　環状柄の大刀、国立中央博物館
p42　履底、国立中央博物館／冠帽（皇南大塚）、国立中央博物館
p43　腰帯装飾クミゲ（腰佩）、国立慶州博物館（慶博200812-160）／金冠耳飾り、国立中央博物館／金帽（金冠塚）、国立中央博物館
p47　土偶装飾長頸壺、国立中央博物館
p48　金製舎利蔵、国立中央博物館／骨壺、国立慶州博物館（慶博200812-160）
p50　香炉の蓋、国立慶州博物館（慶博200812-160）／金銅蝋燭鋏、国立慶州博物館（慶博200812-160）／賽、国立慶州博物館（慶博200812-160）
p52　獣面文瓦、『朝鮮中央歴史博物館』
p54　青磁象嵌竹鶴文梅瓶、国立中央博物館
p55、56　青磁透刻七宝文香炉、国立中央博物館／青銅銀入糸蒲柳水禽文浄瓶／螺鈿玳瑁漆菊花蔓草文払子、国立中央博物館
p57　大方広仏華厳経 普賢行願品貞元本巻34、湖林博物館
p61　日星定時儀、国立民俗博物館
p62　天象列次分野之図、国立民俗博物館／仰釜日晷、国立故宮博物館／混一疆理歴代国都之図地図、ソウル大奎章閣
p66　読書余暇、澗松美術館／程子冠、国立民俗博物館

■文化

p68、69　嬪宮の服装を記した目録、韓国学中央研究院／ハングル霊碑、ソウル市蘆原区所在
p71　伝金属活字、『朝鮮遺蹟遺物図鑑』（北朝鮮）／直指心体節、フランス国立図書館
p72、73　八万大蔵経、海印寺／印刷の小道具、国立晋州博物館／木活字の保管箱、国立中央博物館
p77　新羅 木簡、国立慶州博物館（慶博200812-160）
p78、79　賜給立案、国立中央博物館
p81、82　天下図、国立中央博物館／「朝鮮地図」の部分、ソウル大奎章閣／羅針盤、国立中央博物館
p83　東国大全図、国立中央博物館

p85 御宝とその外函、明五峰図、国立故宮博物館
p86、87 英親王妃の翟衣、国立故宮博物館／玉座、国立故宮博物館／龍文袱、国立故宮博物館
p89 常平通宝、朝鮮通宝、国立中央博物館
p95 航海朝天図、斥和碑、国立中央博物館

■美術
p103 猫と雀、国立中央博物館
p105 甘露幀画、国立中央博物館
p106 釈迦如来掛仏幀、通度寺成保博物館
p111 緑釉四天王像塼、国立慶州博物館／毘盧遮那仏、国立中央博物館
p116 銀製鍍金盞、国立中央博物館
p118 青磁彫刻魚龍注子、国立中央博物館
p119 青磁瓜形花瓶、国立中央博物館
p123 軍守里石造如来坐像、南渓院七層石塔、国立中央博物館
p125 法泉寺智光国師玄妙塔、国立中央博物館
p126、127 天敬寺十層石塔、国立中央博物館

■アジアとの交流
p131 鎮墓獣の頭部、天婦の胸像、国立中央博物館
p132 馬上の女、国立中央博物館
p133 白磁青華瓜文注子、国立中央博物館
p134 粉彩鳳凰文大皿、雪中の花と鳥、国立中央博物館
p135 白磁獅子文枕、国立中央博物館
p139 青磁女人像燭台、国立中央博物館
p140 青磁五管瓶、国立中央博物館
p143 漆器酒瓶、国立中央博物館
p144 龍女、国立中央博物館

国立中央博物館全景および内部の写真：金善敬

＊「国立」とは、韓国国立を意味しています。
＊本書の写真は、韓国・ハルリム出版を通じ、当該写真の所蔵先(著作権者)から許可をもらっています。

人気韓国時代劇で読む韓国史年表

※頁右項は対応するドラマ名。併記は韓国での放送（上映）年と主演俳優名。

古代

前70万年前	旧石器時代始まる
前5000～4000頃	新石器時代、原始農耕始まる
前2000頃	青銅器文化始まる
前300頃	鉄器文化始まる
前195頃	古朝鮮滅び、衛氏朝鮮成立
前108	漢が衛氏朝鮮滅ぼし、楽浪・真蕃・臨屯3郡設置

三国時代（高句麗・百済・新羅）

前57	新羅の始祖・赫居世即位 国号を徐羅伐（伝説上）
前37	朱蒙即位し、高句麗建国（伝説上）
前18	百済建国（伝説上） 高句麗で大武神王（3代）即位
32	新羅、17官等制を制定
42	金官首露王即位し、伽倻建国（伝説上）
85	百済、新羅を攻撃
260	百済、官位16品と公服制を制定
285	王仁博士、論語と千文字を日本に伝える
313	高句麗、楽浪郡を滅ぼす
346	百済第13代王・近肖古王即位
372	高句麗、仏教伝来、太学設置
373	高句麗、律令制実施
384	百済に仏教伝来
391	高句麗第19代、広開土王即位
396	広開土王、百済を攻撃
414	長寿王、広開土王陵碑建立
433	新羅・百済同盟成立
527	新羅、仏教公認
532	新羅、金官伽倻を統合
536	新羅、元号を定める（建元）
538	百済、都を泗沘城に移し、国号を南扶余とする 百済、日本に仏教を伝える
555	真興王、北漢山に巡狩碑建立
562	新羅、大伽倻を滅ぼす
598	遼河で隋軍30万を撃退
600	百済第30代、武王即位

『幻の王女 チャミョンゴ』
2009年 チョン・リュウォン
高句麗時代の有名な説話「楽浪公主」をベースにした創作ドラマ。

『朱蒙《チュモン》』
2006～07年 ソン・イルグク
夫餘（プヨ）の王子・朱蒙が高句麗を建国する始祖伝説を基に描く。ドラマ冒頭に登場する三足鳥（3本足のカラス）はP.27。

『風の国』
2008～09年 ソン・イルグク
高句麗王朝3代目・大武神王の生涯をフィクションとしてまとめた韓国ベストセラー漫画の映像化。

『鉄の王 キム・スロ』
2010年 チソン
伽耶（金官加羅）の始祖とされる首露《スロ》王の成長を描く。

『太王四神記』
2007年 ペ・ヨンジュン
高句麗の広開土王を主人公にした史劇大作。広開土王陵碑はP.26、四神についてはP.30。

『三国記～三国時代の英雄たち～』
1992～93年 キル・ヨンウ他
高句麗、新羅、百済三国の盛衰を描いた作品。

『薯童謠《ソドンヨ》』
2005～06年 チョ・ヒョンジェ
百済の武王（30代）が王になるまでを、史書『三国遺事』にある説話をベースに描く。

612	高句麗の乙支文徳、薩水の戦いで百万の隋軍を潰走
613	隋の煬帝、第3次高句麗に侵入
632	新羅第27代、善徳女王即位
642	淵蓋蘇文のクーデターで高句麗最後の王となる宝蔵王即位
645	高句麗、安市城の戦い
647	新羅、瞻星台建立
660	百済滅亡
663	白村江の戦い。日本と百済の連合軍敗北
668	高句麗滅亡
669	唐、平壌に安東都護府設置

『善徳《ソンドク》女王』
2009年 イ・ヨウォン
新羅時代の女帝・27代善徳女王の半生を描く。韓国で放送され高視聴率を獲得した話題作。

『淵蓋蘇文《ヨンゲソムン》』
2006～07年 ユ・ドングン
乙支文徳と淵蓋蘇文という2人の将軍を通して高句麗の興亡を壮大なスケールで描く。

統一新羅・渤海時代

676	新羅、三国統一
687	新羅、全国を9州5小京に編成
692	薛聡、吏読（万葉仮名の類）を整理
699	大祚栄が渤海建国
704	金大問、『高僧伝』、『花王世紀』著す
722	人民に丁田を支給（丁田制）
722	渤海、日本に使臣を送り、交易を始める。以後34回
751	新羅、仏国寺と石窟庵を建立
828	張保皐（弓福）、清海鎮設置
846	張保皐殺される
846	弓裔、後高句麗建国
900	甄萱、後百済建国
918	王建、高麗建国
926	渤海滅亡
934	渤海の王子・大光顕、軍民を率いて高麗に投降
935	新羅滅亡

『大祚榮《テジョヨン》』
2006～07年 チェ・スジョン
滅亡した高句麗の遺民を率いて渤海を建国した大祚榮を主人公としたドラマ。

『海神《ヘシン》』
2004～05年 チェ・スジョン
一介の海民から一代で唐や日本などとの海上交易拠点（清海鎮）を築いた新羅時代の人物、チャン・ボゴをテーマにした作品。

『太祖王建《テジョワンゴン》』
2000～02年 チェ・スジョン
後三国を統一して高麗を建国した豪族出身の王建を描く。全200話で2年にわたって韓国で放映された超大作時代劇。

高麗時代

936	高麗、朝鮮を統一
949	高麗第4代、光宗王即位
956	奴婢按検制定
958	科挙制度実施
973	収租法制定
975	高麗第5代、景宗即位
983	州府郡県制、駅制制定
995	全国を10道、128州、449県、7鎮に区画
1019	亀州の戦い
1033	北方国境に千里長城築城開始
1039	賤者随母法制定

『光宗大王《クァンジョンテワン》～帝国の朝～』
2002～03年 キム・サンジュン
高麗を興した王建の子、光宗の生涯。

『千秋太后《チョンチュテフ》』
2009年 チェ・シラ
千秋太后は王建の孫娘で景宗（3代）の第3王妃となり、穆宗（7代）を生んだ人物。

1076	両班田柴科（土地税法）を改める
1087	興王寺で第1次大蔵経完成
1100	高麗青磁製作、生産拡大
1135	妙清ら、反乱を起こし大為国建てる。西北（平安道）の農民これに呼応して蜂起
1145	『三国史記』50巻編纂
1162	伊州、東州、宣州で大規模民乱おこる
1170	鄭仲夫の乱
1172	昌州、成州、鉄州など西北（平安道）で大規模な民乱
1176	公州で賤民の亡伊、亡所伊らが乱
1196	崔忠献、武人政権確立
1182	全州、沃川で民乱起こる
1198	万積らの奴婢の乱
1200	晋州で民乱
1202	慶州、蔚珍で民乱
1231	蒙古第1次侵入
1232	高麗、江華島に遷都
1234	金属活字で『詳定古今礼文』印刷
1235	蒙古の第3次侵入
1236	『高麗大蔵経』を木版
1247	蒙古の第4次侵入
1251	海印寺に現存する大蔵経完成
1258	崔氏武人政権崩壊
1270	三別抄軍、蒙古の侵略軍と抗争
1285	一然『三国遺事』著す
1301	官名を元と同じくする
1318	済州島で民乱起こる
1356	鴨緑江西側の失地回復
1359	第1次紅巾賊の侵入
1361	第2次紅巾賊の侵入
1363	文益漸、中国から綿の種をもたらす
1377	崔茂宣、火薬製造に成功
1380	李成桂、全羅道雲峰で倭寇撃退
1387	元制を廃し、明制に倣う
1388	李成桂がクーデターを起こす（威化島回軍）
朝鮮王朝時代	
1392	高麗滅亡、李成桂朝鮮建国
1394	漢陽（現ソウル）に遷都。鄭道伝『朝鮮経国典』編纂
1395	鄭道伝ら、『高麗史』37巻編纂
1397	『経国六典』刊行

『千年の夢』
2003年 ソン・イルグク
青年が高麗青磁の陶工になる過程を描いたヒューマン・ドラマ。

1399	『郷薬済生集成方』編纂
1400	朝鮮王朝第３代、太宗即位
1402	武科法制定
1407	百官の禄法を制定
1409	11道に都節制使（軍隊の将）を置く
1413	号牌（身分証の類）法を制定
1418	朝鮮王朝第４代・世宗即位
1420	集賢殿設置
1424	朝鮮通宝鋳造
1426	咸鏡道の流民と漢城府の奴婢ら暴動を起こす
1429	『農事直説』編纂
1434	国境の東北、西北に6鎮を設置し、女真族を追放
1441	測雨器製作
1443	訓民正音（ハングル）創製 通信使を日本に送り、対馬宗氏と歳遣船を50隻約定する癸亥約条結ぶ
1444	量田算計法制定
1445	権踶ら『龍飛御天歌』（ハングル混じり文）を著す
1446	訓民正音を公布
1447	火砲製造
1451	金宗瑞ら『高麗史』139巻編纂
1453	首陽大君（後の世祖、朝鮮王朝第７代王）を王にするため、 韓明澮クーデターを企図。首陽大君、金宗瑞、皇甫仁らを殺し、 安平大君父子を江華島に流罪（癸酉靖難）
1455	瑞宗、叔父の首陽大君に王位を譲る
1456	成三問、朴彭年ら上王（瑞宗）の復位を謀り死罪（死六臣）
1447	『釈譜詳節』『月印千江之曲』完成。申舟叔ら『東国正韻』、『四声通攷』を編纂
1456	魯山君（瑞宗）自決
1458	『国朝宝鑑』7巻完成
1467	吉州（咸鏡道で）李施愛ら反乱、農民らこれに呼応
1478	徐居正、『東文選』編纂
1482	廃妃尹氏に賜薬
1484	徐居正ら『東国通鑑』編纂
1489	江原道で民乱
1494	米価高騰、全国で民乱
1498	常平倉設置、戊午史禍／朝鮮第10代王・燕山君、士林派粛清
1504	甲子士禍
1506	燕山君を誹謗する掛書事件起こる 朝鮮王朝第11代、中宗即位
1511	儒生・趙光祖ら登用

『龍の涙』
1996～98年 ユ・ドングン
李氏朝鮮の太宗（３代）を軸に、武人から朝鮮王朝の始祖となった李成桂とその８人の息子たちの骨肉の争いを描く。

『大王世宗《テワンセジョン》』
2008年　キム・サンギョン
１万ウォン札にも描かれ、後にハングルと呼ばれる文字「訓民正音」をつくったことで知られる世宗の一代記。

『韓明澮《ハンミョンフェ》』
1994年 イ・ドクファ
世宗の遺臣らが政治を主導する状況に不満を持った首陽大君（世宗の次男、後の世祖）はクーデターを起こして実権を握る（癸酉靖難）。それを画策した韓明澮を主人公に描く。

『王妃チャン・ノクス～宮廷の陰謀～』
1995年 パク・チヨン
暴君として知られる燕山君（10代）の寵愛を受けて後宮に入り、権勢を振るった女性の成功と転落。

『王朝の暁～趙光祖《チョグァンジョ》伝～』
1996年 ユ・ドングン
燕山君を廃して即位した中宗の下で政治改革を行った新進官僚グループ（士林派）の一人、趙光祖の波乱に富んだ人生を描く。

1512	日本（対馬）と条約（壬申約条）
1519	趙光祖ら賜死（己卯士禍） 趙光祖に組みする士林派学者毒殺
1524	崔世珍『訓蒙字会』著す
1543	豊基郡守、周世鵬、白雲洞書院建立（書院第１号）
1545	尹任ら賜死（乙巳士禍）
1547	対馬と丁未約条
1551	僧普雨、大禅師
1555	朝鮮第13代・明宗代に、倭寇侵入
1559頃	林巨正ら義賊活動開始
1575	李珥『聖学輯要』著す
1577	李珥『撃蒙要訣』刊行。10万養兵説建議
1589	鄭汝立の乱（鄭汝立自殺）
1590	黄允吉、金誠一らを日本に送る
1592	豊臣秀吉が朝鮮出兵。壬辰倭乱（文禄の乱）が起こる
1593	権慄、幸州山城で日本軍に勝利。日本軍晋州城陥落
1597	丁酉再乱（慶長の役）。李舜臣三道水軍統制使に就く
1598	李舜臣、南海露梁で日本軍を撃破
1607	許筠、ハングル小説『洪吉童伝』完成
1608	朝鮮王朝第15代、光海君即位
1609	日本と国交回復。乙酉約条
1610	許浚『東医宝鑑』25巻完成
1614	李睟光『芝峰類説』著す
1616	日本から煙草（タバコ）などが入る
1618	許筠処刑
1623	朝鮮第15代・光海君追放（仁祖反正）、 第16代・仁祖即位
1624	李适の反乱
1626	義城で民乱起きる
1627	後金軍の侵入（丁卯胡乱）
1631	鄭斗原、明から千里鏡、焔硝などをもたらす
1634	常平通宝鋳造
1636	清が朝鮮に侵入する「丙子胡乱」が起き、 仁祖、三田渡（現在のソウル市松坡区）で降服
1645	昭顕世子、ドイツ神父アダム・シャルから天文、 算学などに関する書籍をもらって帰国
1653	オランダ人ハメル一行、全羅道和順に漂着／慶尚道尚州で民乱発生
1654	第１次羅禅（ロシア）征伐
1657	宋時烈、時政18条上訴

■中宗時代をテーマにした時代劇

『女人天下』
2001～02年 カン・スヨン
妓生から中宗の正室・文定王后の弟の妾になった鄭蘭貞を主人公に、宮廷内の陰謀や争いを描く。

『宮廷女官 チャングムの誓い』
2003～04年 イ・ヨンエ
中宗が重用した実在の医女・長今が数々の試練を乗り越えて成功するまでを描く。日韓双方で大ヒットした作品。

『ファン・ジニ』
2006年 ハ・ジウォン
詩書にすぐれ、高名な儒者らを魅了した中宗時代の有名な妓生（キーセン）、黄真伊の一生をドラマ化。

『不滅の李舜臣《イ スンシン》』
2004～05年 キム・ミョンミン
豊臣秀吉の朝鮮出兵で、日本軍を水軍で圧倒した将軍・李舜臣は韓国では国民的英雄。李舜臣の生い立ちから活躍までを描く。

『ホ・ギュン』
2000～01年 チェ・ジェソン
朝鮮の義賊・洪吉童をテーマにしたハングル小説『洪吉童伝』を著した文人・許筠の生涯を描く。

『快刀ホン・ギルドン』
2008年 カン・ジファン
庶民のために貴族、役人を懲らしめる伝説上の義賊、洪吉童の物語をドラマ化したもの。

『王の女』
2003～04年 チソン
日本侵入後の混乱期に15代王となった光海君と宮女のラブロマンス。

『ホ・ジュン～宮廷医官への道～』
1999～2000年 チョン・グァンリョル
日本や中国にも広く知られた医学書『東医宝鑑』をまとめた医学者・許浚を描き、大ヒットを記録したドラマ。

1658	第2次羅禅征伐
1660	南人と西人の間で、「礼論是非」論争
1673	柳馨遠『磻渓随録』著す
1674	朝鮮王朝第19代、粛宗即位。派閥政治・内紛激化
1678	「常平通宝」鋳造
1687	蕩平策を維持
1689	南人の粛清を巡って西人の強硬派の老論と穏健派の少論に分裂 金万重『九雲夢』、『謝氏南征記』著す 仁顕王后廃され、張禧嬪王妃に。南人派政権獲得
1694	老論によって南人没落（甲戊獄事）
1701	張妃嬪賜死、巫蠱の獄
1703〜8	民乱各地で発生（天安、抱川、瑞興、長興など）
1712	白頭山定界碑建立
1716	尹宣挙の『家礼源流』を巡って党争激化 尹宣挙の著作破棄処分。老論勝利
1721	金一鏡ら、金昌集・李頤命・李健命・趙泰采ら 老論四大臣を上訴。全国各地で民乱発生
1724	朝鮮王朝第21代、英祖即位
1725	蕩平策実施
1745	画家・金弘道誕生
1753	李重煥『択里志』著す
1758	画家・申潤福誕生
1762	英祖、思悼世子（王子）を米びつに閉じこめ餓死させる
1770	『東国文献備考』100巻完成
1776	奎章閣設置 朝鮮王朝第22代、正祖即位
1781	正祖の右腕、洪国栄失脚
1791	「辛亥通共」施行し、商業活動の自由を拡大
1798	朴斉家『北学議』著す
1801	辛酉教難（天主教徒＝カトリック教徒への弾圧）
1805	安東金氏の勢道政治（〜1863）
1811	洪景来の乱
1815	乙亥教難
1816	英軍艦アルセスト号、リラ号忠清道馬津鎮で測量 その後、西洋海図で黄海の地形明確になる
1818	丁若鏞『牧民心書』著す
1827	丁亥教難
1831	ローマ教皇庁（バチカン）、天主教朝鮮教区創設
1835	徐有榘『林園十六志』著す

『トンイ』
2010〜11年 ハン・ヒョジュ
粛宗と側室の淑嬪崔との恋愛物語をベースに、粛宗時代に激しくなった党争（派閥政治）を描く。

『張禧嬪』
2002〜03年 キム・ヘス
両班より低い身分にもかかわらず粛宗の側室のトップにまでのぼりつめ、韓国では悪女の代表として有名な張禧嬪を描く。

『大王の道』
1998年 パク・クニョン
英祖が派閥抗争の謀略から世継ぎだった荘献世子を米びつに入れて餓死させるという悲劇の実話を描く。

『風の絵師』
2008年 ムン・グニョン
多彩な風俗画を数多く残した絵師の金弘道と申潤福を主人公に、フィクションを加えてスリリングな展開を楽しめる。

『美人図』
2008年（映画） キム・ナムギル
絵師・申潤福を男として育てられた女性に設定し、成長とラブロマンスを描く。

『イ・サン』
2007〜08年 イ・ソジン
党派の影響を排し、王権を確立させた正祖（荘献世子の子）を主人公に、宮廷内の陰謀やラブロマンスを盛り込んだ一大エンターテイメント作品。

『洪國榮《ホングギョン》』
2001〜02年 キム・サンギョン
即位したばかりの正祖を守り、信任を得て側近として政権を実質的に動かす立場になるが、後に失脚する洪國榮の生涯を描く。

1836	モーバン神父（フランス人神父）義州から朝鮮へ初入国
1839	己亥教難。「五家作統法」（いわば隣組制度）施行
1845	英軍艦サマラン号、忠清道外煙島に入り、国書を伝える 金大建、上海で朝鮮初の神父になり、入国
1846	仏軍艦（セシール艦長）も外煙島に入り、国書を伝える。金大建殉教
1847	清を通じてセシール書簡に返答（西洋に対する初の外交文書）
1848	異様船（いわば黒船）、慶尚、全羅、黄海、江原、咸鏡道に出没
1853	露軍艦、パラド号慶尚道迎日湾に現れて測量
1854	露船、咸鏡道徳源、永興などに上陸し、住民殺傷
1860	崔済愚、東学創始
1861	金正浩「大東輿地図」刊行
1862	三政紊乱（三政とは、田政、軍政、還穀）、 すなわち国家の紀綱が揺らぐ。各地で民乱発生
1863	李昰応（大院君）の次男、即位（高宗）。大院君権が掌握（～1872） 朝鮮王朝第26代・高宗王が即位
1865	景福宮再建
1866	米商船ジェネラル・シャーマン号焼き払い事件が発生 天主教徒の南鍾三、フランス人神父ベルヌーら9人処刑（丙寅教難）
1868	独船オッペルト号、忠清道牙山湾に上陸し、南延君（大院君の父）の墓を盗掘
1871	「斥和碑」全国の主要な所に建立（辛未洋擾）
1874	『朝鮮教会史』（ダレ著）パリで刊行
1875	日本と江華島で武力衝突（雲揚号事件）
1876	日朝修好条規調印（江華島条約）
1884	開化派の金玉均らクーデター。三日天下（甲申政変）
1885	朝鮮初の西洋式病院「済衆院」設立
1894	『東医寿世保元』完成。東学甲午農民戦争 日清戦争勃発、朝鮮が戦場となる
1895	閔妃暗殺（乙未事変）
1897	国号を大韓帝国に。高宗、皇帝に即位
1904	日露開戦、大韓帝国局外中立を宣言
1905	第2次日韓協約。日本、朝鮮を保護国に
1906	統監府設置
1907	ハーグ密使事件で高宗が退位。軍隊解散
1910	日本、強制的に韓国併合

『朝鮮地図物語』
1995年 キム・ヨンチョル

1861年に朝鮮半島全域を網羅した地図『大東輿全図』を完成させた地理学者・金正浩を主人公にしたドラマ。

『済衆院《チェジュンウォン》』
2010年 パク・ヨンウ

李朝末期、開化政策に転じた朝鮮で西洋医学の初の病院として設立された「済衆院」を舞台にした医療ドラマ。

『太陽人イ・ジェマ～韓国医学の父～』
2002年 チェ・スジョン

韓医学を発展させた「東医寿世保元」をまとめあげ、朝鮮を代表する医学者として知られる李済馬の生涯を描く。

監修者あとがき

このたび、「韓国国立中央博物館の至宝」を監修し、あらためて韓国文化遺産に瞠目し、多くの方々にもぜひ手に取ってもらいたいと思った。本書に収録されている遺物は、ほんの一部ではあるが、順を追って見ていくと、韓国の古代から近代までの歴史が、おぼろげながらわかってくる。「百聞は一見にしかず」ということだろうか、視覚的な写真を使った編集がうまくできている。「韓流」ファンの人たちも本書を通じて、奥深い韓国の歴史と文化に触れ、新たなイメージを抱くことに違いない。この意味で、この本は小著ながらこれまでにないものと思われる。本書を通じて、日本の読者を韓国国立中央博物館にご案内できることを喜びに思う。

中国の大きな影にかくれて、ともすれば朝鮮の文化や歴史は軽視されがちだが、先史時代から、韓民族の文化が世界に認知された時代といってもいいだろう。高麗（コリョ）はコリアの語源になったし、金属印刷や陶磁器などの面で、すばらしいものを残したことはよく知られている。まさに、中国にもけっして劣らないほど、世界に輝く技術や作品を生み出してきた。

近代の入り口で、外圧や内乱などによって国力は疲弊し、ついには他国に蹂躙され、国そのものの存在も危機に瀕したこともあったが、いまここに、韓国は国力も回復し、世界の先進国の仲間入りをしつつある。これも、韓民族の悠久の歴史の中で蓄積された文化の賜物であろう。それを、遺物が語りかけてくるような格好のガイド書である。

韓　登

呉明淑（オ・ミョンスク）
韓国国立中央博物館、韓国国立民俗博物館で「子供向け博物館」の設立諮問委員長を歴任。博物館を通じた児童教育、生涯教育に力を注いでいる。著書に、『博物館、図書館、学校はひとつ』、『平鉢土器』、『韓屋のすべて』（以上すべて韓国での出版）など。

金安淑（キム・アンスク）
現在、ソウル市瑞章区議。高麗大学卒。日本の姉妹区、杉並区との文化交流に積極的に活動している。著書に『ハングル常用会話辞典』、『韓国語会話ひとくち辞典』など。

韓　登（ハン・ドゥン）
日韓古代史研究家。立命館大学卒。『日本書紀』の随所に出てくる謀叛についての件を突き止め、『倭国大乱は二王朝の激突だった』、『博士王仁の実像』を執筆。統一日報に『韓流の古代史』として、「天日槍」、「東大寺草創」などを随時連載。

This book is published with the support of the Korea Literature Translation Institute(KLTI) for the project “Books from Korea 2010”

韓国国立中央博物館《かんこくこくりつちゅうおうはくぶつかん》の至宝《しほう》

2012年 3月18日　第1版第1刷印刷
2012年 3月28日　第1版第1刷発行

著　者　呉明淑
訳　者　金安淑
監修者　韓　登
発行者　野澤伸平
発行所　株式会社 山川出版社
〒101-0047 東京都千代田区内神田 1-13-13
電　話 03(3293)8131(営業)　03(3293)1802(編集)
http://www.yamakawa.co.jp/
振　替 00120-9-43993

企画・編集　山川図書出版株式会社
印刷所　半七写真印刷工業株式会社
製本所　株式会社 手塚製本所
校　正　澤口信夫、河田宏、河田邑子
装　幀　米山雄基

ISBN978-4-634-15018-8 C0022